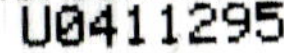

博雅撷英

第二達材門　即チ正科ヲ卒ヘシ者ハ正士ト称ス

第三成徳門　即チ専科ヲ卒ヘシ者ハ専士ト称ス

第四童蒙門　即チ撰科ヲ卒ヘシ者ハ撰士ト称ス

第五条　本学室ノ備科ヲ卒ヘシ者ハ清国ノ大学ヲ卒業シ御学卒業以上ノ学力

但シ看書ヲ持シテ正科ノ備科卒業ノ後者ト同等ノ学力

但シ看書ノ陽ニ専士及ビ撰士ニ[illegible]久業ノ優等ヨリ

受クルモ未ダ其名ヲ称スルヲ得ズ

第六条　本学室ノ学ノ課ハ備科ニ於テハ専ラ倫理日語日文

算数地理博物理化学漢文[illegible]等ヲ[illegible]

英文ヲ随意ニ許ス正科ニ於テハ専ラ倫理日語

日本早期的亚洲主义

〔日〕狭间直树 著

张雯 译

图书在版编目 (CIP) 数据

日本早期的亚洲主义 /（日）狭间直树著；张雯译. —北京：北京大学出版社，2017.2
（博雅撷英）
ISBN 978-7-301-27323-4

Ⅰ. ①日… Ⅱ. ①狭… ②张… Ⅲ. ①政治思想 – 研究 – 日本 – 近代 Ⅳ. ① D093.13

中国版本图书馆 CIP 数据核字（2016）第 180270 号

书　　名	日本早期的亚洲主义 RIBEN ZAOQI DE YAZHOU ZHUYI
著作责任者	〔日〕狭间直树 著　张　雯 译
责任编辑	陈　甜
标准书号	ISBN 978-7-301-27323-4
出版发行	北京大学出版社
地　　址	北京市海淀区成府路 205 号　100871
网　　址	http://www.pup.cn　　新浪微博：@ 北京大学出版社
电子信箱	sofabook @ 163.com
电　　话	邮购部 62752015　发行部 62750672　编辑部 62752025
印 刷 者	北京中科印刷有限公司
经 销 者	新华书店
	880 毫米 × 1230 毫米　A5　10.375 印张　200 千字
	2017 年 2 月第 1 版　2017 年 2 月第 1 次印刷
定　　价	59.00 元

序 解读日本早期的亚洲主义

桑兵

狭间直树教授的新作《日本早期的亚洲主义》，原是以讲义为基础在刊物上分章连载的长文，具有专书的架构，但是并未结集出过日文版。10年前撰写《“兴亚会”与戊戌庚子间的中日民间结盟》(《近代史研究》2006年第3期）一文时，认真拜读过连载的各章，印象极为深刻。如果没有这一大作，要想将纷乱如麻的先行研究和相关史事梳理清楚，确定自己的出发点，可以说相当困难。正因为有此机缘，得知北京大学出版社有意出版海外学人的力作，立即想到此书，希望能够首先在中国出版中文版。得到出版社方面的赞同后，恳请狭间教授破例俯允。

关于这本书的缘起及旨趣，狭间教授的前言和序章已有清晰的说明，具体内容也有详细的陈述，解读学术著作，当以作者本人的文字为准，仔细揣摩本意，并对所依据的材料和所研究的问题反复比勘验证。在此想说或能说的，其实是一些有助于读者理解本书要旨及其难度的言外之意。

京都大学自创校以来，中国研究的历代学人均以像中国学界高明一样研究中国问题为重要取向和旨归，民国时期京都曾是世界上享有盛名的汉学研究中心之一，甚至成为许多中国学人心仪追仿的对象。狭间教授得到前辈大家的亲炙，努力保持和发扬优良的学术传统，功力与见识非同一般，以至有中国学人惊叹其能做中国式的学问。行内的人都明白，这是对域外中国研究者的极高赞誉。

学问之事，应当先因而后创，继往而有余力，才能创新局面。而继往须沉潜，创新则要兼具眼界、气度和机缘，可能会冒不小的风险。中外学术史上，守成有余而创新无果甚至误入歧途的事不乏先例。狭间教授及其主导下的集众式团队由中国史向近代东亚共同史拓展的努力，与有些看似相近的做法形同实异，并不是研究领域的简单放大，或望文生义的穿凿附会，而是立足于事实联系的比较研究正途，极具前瞻性。循此以往，可望收获无数的硕果。

治学取法高明，一般而言同时也意味着难度加大。由中国史扩展到东亚史，不仅要求对东亚各国的历史文化有深入贴切的理解把握，对所研究的问题有具体入微的材料史事的充分掌握，而且要对东亚人心中的所谓西学及其在东亚各国的影响所引起的变相具有相当历史性的认识。当今学界，兼具这些条件者屈指可数。

对于中国学人而言，满足上述条件无疑难度颇高。不少人深有感触地体会到，日本是一个了解越多反而越觉得陌生的国家。研究明治时期的亚洲主义，按照今日的分类，既属于日本史的范畴，又是东亚史尤其是日中关系史的要项。在中国，要深入研究这样颇具跨度的题目存在相当的困难，因为很不容易充分掌握各方各类相关资料，更不容易理解拿捏形形色色的相关人事。既有论著的论点，有不少是从结果上溯，追究原因，又多少带有以我划线的惯性，虽然看起来井井有条，头头是道，可是如果将所有的材料史事排列在一起，许多观点就会捉襟见肘。尤其是一旦不再关起门来自娱自乐，而是放到国际论坛上与各方平等交流对话，不免立即有相形见绌之感。即使不会自惭形秽，也难免被人看低而导致矮化。

就东亚史的研究而论，不能充分掌握材料理解史事的问题其实在日本学术界同样存在。在日本史与东亚史或中国史界域分明的状态下，日本一般中国史的研究者并不热衷于研究看似属于日本史范围的题目，而且由于历史的因缘，即便抱有兴趣，也苦于材料难得。因为有关当事人及其亲属或关系人，更愿意将材料交给日本史的研究者。中国史研究者不能接触到相关资料，且对明治日本史的认识不足，只能采取回避的态度。但是，由于涉及的问题范围已经溢出日本史的疆界，日本史研究者虽然掌握了好的材料，却不能充分恰当地解读。尤其是涉及与周边国家关系的具体人事时，泛泛而论甚至误读错解的情形所在多有。

勇于开辟荆棘丛生的崭新领域，或许是学界的常态，陌生与未知往往会引发好奇，触动探险的兴趣。可是，挑战并非所属却已经高手如云的领域，就不能仅凭兴趣作为动力，而是有意探测和考验自己智慧、毅力的极限。与中国的中国研究仍然趋奉欧美为典范，并争相追仿西方先进的情形大相径庭，日本的日本研究在丸山真男等人的倡导下，经过几代学人的努力，已经达到相当高深的境界，以至于如今一些欧美学人认为基本没有必要再对日本进行专门研究，只需将日本的日本研究加以介绍引进和领悟掌握即可。也就是说，中国学人尚未普遍认识到，或者尚未做到，中国应是中国研究的本体主流，与世界对话或是瞄准国际学术前沿的说法，拿捏不当，便不能把握好尽力吸收输入外来学说与不忘本来地位的分寸尺度，而将边缘视为中心，将欧美的中国研究与欧美学术主流对话的种种考量架构当作普遍公理，结果势必导致舍本逐末。在这方面，中国的中国研究理应学习仿效日本的日本研究。

不过，这并不是说日本的日本研究已经臻于完善，再无进取的空间。明治时期日本的知识人，有不少兼通日文、汉文和西文，明治时期日本的历史，又与东亚其他国家联系紧密，而今日的研究者，要想兼具各方面的语言文献以及兼通各方面的历史文物，不能说绝无仅有，也如凤毛麟角。尤其是在汉文和汉文文献的掌握方面，与明治时期日本知识人的差距较大。如此一来，要想真正回到历史现场，进入明治日本人的精神世界，即使对于当今的日本人而言，也是相当困难的事。而不能真正进入，则意味着解读明治日本人的言论行事，看似言之凿凿，其实还是难免有些雾里看花，甚至隔靴搔痒。

日本早期的亚洲主义者，是相当复杂的人群，他们都是眼光向外，但动机目的各异。一般日本人将他们视为另类，而一般中国人却把他们当成全体日本人的代表。他们的言论行事与东亚周边国家关系密切，不能仅仅从日本的视角理解把握，同时他们又是日本人的一部分，没有对于日本社会历史文化具体入微的了解，也很难认识透彻。也就是说，单向度不可能理解这一复杂人群的所作所为及其内部结构，包括各种小团体之间犬牙交错的关系。只有在东亚整体史的视野和格局下，对于该人群的认识才能深入一层，得其所哉，而不致循着后来的走向和现存的状态各自解读。此外，亚洲主义既是日本如何与东亚周边国家相处以及在世界上如何自处的问题，同时也是东亚各国如何共处的问题。历史已成过去，问题依然存在，对当今的东亚仍是严峻考验。

从这一角度看，狭间教授及其研究团队从中国史向东亚史扩展，正是知难而上的壮举。因为具有对明治日本必要的知识储备，加上恰当的研究取径和做法，又竭尽所能发掘掌握各方面的资料，所取得的进展相当显著。狭间教授主持的梁启超与明治日本、西方的集众研究，可以说是相当成功的典范，使得中外中国研究学界对于近代中国受明治日本影响的认识，从原来较为笼统宽泛的层面大幅度提升。后续的相关研究，必须在此基础上前行，否则就有不知有汉无论魏晋之嫌。不仅如此，即使对于明治日本史的研究者而言，所解决和引发的问题，也会成为学术发展新的取向。毕竟古往今来东亚社会的相关性以及整体化，只有从各个文化系统的具体联系才能梳理清晰，理解到位。日本历史学界三分天下的格局如果不能打破，东亚史的研究留有以待的空间就一定不小。

可是，受画地为牢的分科治学制约，一般学人只有专家式的训练，要想跨越学科或专门的藩篱，实属不易。简单地各方相加，如同曾经的科际整合，虽然热闹一时，未必能够产生高明和佳作。其实近代学人早就察觉史学是一切分科及其方法的汇集，只要取法得当，就非但不会畛域自囿，而且能够用不分科的态度办法研究所有的专题。作为领军人物的狭间教授，长期研究中国近现代史，又受所在京都大学人文科学研究所前辈学者的言传身教，对于中国古代史和日本近世以来历史的诸多问题深入堂奥，并与欧洲学者学术交流密切，可以说是率队切入东亚整体史的不二人选。

几年前，曾请狭间教授审阅即将出版的教育部重大攻关项目《近代中国的知识与制度转型》的书稿，全书为集众的成果，涉及门类方面甚多，各章由团队成员分别写成。在特意事先不做任何沟通的情况下，狭间教授逐一点评各章的利弊得失，所排序列及所指出的优劣，与自己心中所想高度吻合，当时两人都不禁诧为奇事。由此可见，即使在见仁见智的当下，学术仍有大道无形的标准途辙。而狭间教授的学识广博和见识精准，于此亦见一斑。这也是狭间教授无论统军破阵还是单骑闯关，都能够斩获颇丰的根本所在。

高明治学，每著一书，不仅写成一事，而且形成一种则例，可以起到具体示范的作用。像《日本早期的亚洲主义》这样的著作，日本固然需要，中国尤其需要。犹如一座界碑，将相关研究前后分别。以此为基点，应当更上层楼，否则势必等而下之。来者若能够接着做并且接得住，中国的日本研究及东亚研究当能迎头赶上，切实增强与国际对话的能力。至于高明往往照远不照近，就要看来者的智力和努力了。

作为附录的《善邻协会、善邻译书馆相关资料》，其意义和价值狭间教授在前言中说明甚详。比较方便地获得这样真正是尘封已久、罕为人知的第一手直接材料，对于推动提升中国学术界的相关研究至关重要。在条件具备的今日，类似的引介出版工作应该大规模进行。至于善邻译书馆因流通不畅而中绝，事关当时中国的历史文化及环境等因素，还有不小的进一步探讨空间，有待同好的再接再厉。

2014年11月12日

目录

附　录　善邻协会、善邻译书馆相关资料：

德岛县立图书馆藏《冈本韦庵先生文书》*

* 附录采竖排繁体的形式，另页排序，附于书末。——编者按

前言

本书是霞山会《东亚》杂志2001年8月至翌年3月连载的《初期亚洲主义的历史考察》之中文版。而《东亚》杂志上的连载文章，原本是1999年在京都大学文学研究科与文学部的授课讲义。

首先，容我就为何选择这个研究课题做简单说明。笔者小学二年级时，日本在太平洋战争中失败。此后，在旧式教科书上频繁出现的不合时宜的“军国主义”被抹掉，接受了新式“民主主义”教育。后来在青少年时期，笔者对所谓“大东亚战争”的侵略实态又进一步加深了理解。

笔者后来从事中国近代史研究，某天读到《东亚先觉志士记传》（1933年刊行）时非常吃惊。此书在“九一八事变”和“满洲国”建立之后不久便刊行，在夸耀神功皇后、丰臣秀吉事迹同时，还引用如佐藤信渊“先攻略南洋，将其扩大以致全世界悉归日本所有”、吉田松阴“养国力以轻取朝鲜、支那、满洲”等语，均是想要将“全亚洲”都“满洲化”的狂言妄语。虽然战败是十多年以后的事情，这也的确是妄信神国日本的优越感的表现，但这种完全无视周边民族的自命不凡究竟从何而来？进而言之，这种只能说是自我陶醉的感觉，似乎在表述着从古至今日本人的心性。

“大东亚共荣圈”绝对没有“共荣”的内容，尽管日本人的心性中确实有这种面相。但是，不尊重他人意味着无法在人际关系中确立自身地位，所以笔者无法认同《志士记传》中表述的上述心性能够代表全部日本人。

不应如此。如果是这样，那么孙文的《大亚洲主义》演讲（1924 年）不啻对牛弹琴，这个疑惑在笔者心中存留多时。后来笔者接触到黑木彬文与鳟泽彰夫编集解说的《兴亚会报告·亚细亚协会报告》（1993 年刊行），得知在明治时期有日本人为与周围诸民族进行平等交流做过真挚的努力。因为“大东亚共荣圈”经常被拿来与“大亚洲主义”相提并论，所以笔者本着想阐明亚洲主义之历史的初衷而选取了“初期亚洲主义的历史考察”，作为讲义题目。在笔者向《东亚》杂志申请连载时，编辑部慷慨惠允。自连载以来，多次得黑木、鳟泽两氏惠赠新发掘的相关资料。笔者衷心感谢各方协助。

此次受到中山大学桑兵教授的鼓励，得以刊行中文版。这方面的研究在此十余年间已经得到长足进展，所以笔者对书稿做了大篇幅修改。比如本书中没有出现战后在学术界引发争议的福泽谕吉《脱亚论》(1885 年)，原因是“兴亚”与“脱亚”是反义词，但在当时二者并没有对立起来加以讨论，在历史现场，这绝不可能是在同一层面互相作用的两种思潮。后者是时代主流，是不言自明的思想框架，前者是在其内部自成一体的次要思想。修改后的书稿欲给予其各自合适的定位。然而时间和篇幅有限，未能充分论述二者之关联，唯有留待后叙。

为便于中国读者进一步了解详情，关于后出研究中与论旨直接相关的事项，中文版基本上用补注方式处理。

附录《善邻协会、善邻译书馆相关资料》，是编辑整理了德岛县立图书馆藏《冈本韦庵先生文书》，作为京都大学人文科学研究所《东方学资料丛刊》第十册，于 2002 年刊行。发现此资料的过程及其历史意义，已在《说明》中交代。在德岛县立图书馆邂逅此一系列文书时的欣喜，笔者至今难忘。

首先，是发现了笔者一直寻找的关于善邻译书馆第一手资料时的兴奋。接着找到冈本监辅（韦庵）反复推敲创立思路的文书，其丰富程度令人欣喜。对冈本在东亚文明史中的知识应用及其行为轨迹，这些资料做了非常细致的多层面展示。因为该事业很小且以失败告终，善邻译书馆几乎完全被历史埋没，但由之可知，具有国权扩张倾向的桦太探险家冈本，也有作为亚洲主义者活动的一面。更进一步说，可以窥见如冈本监辅和吾妻兵治的思想和行动，是如何在他们与重野安绎和三岛毅等人的交流圈中展开的。这也是梁启超等逃亡者能够几乎毫无阻碍地在日本活跃的思想基础之一。

资料中的《善邻译书馆　股份制之理由 / 招股章程 / 营业设计 / 营业说明》，笔者认为应该听取专家的意见，遂委托原京都大学学术出版会的小野利家过目。小野氏认为时代不同，不能遽下论断，但仍指出，书籍的原价比率（包含印刷税）在40% 左右是比较稳妥的推测，并认为与其说是制作不如说是在发行上出现了问题。毫不意外，该馆未能顺利转型为股份制，但应该铭记，它在使明治日本的文明史成为东亚之共同财产上所做的努力。这是我最终决定出版中文版的原因之一。

刊行中文版之际，正文部分得到《东亚》编辑部的许可；附录部分得到原史料收藏者德岛县立图书馆（吉成学馆长）与资料丛刊发行者京都大学人文科学研究所（山室信一所长）的许可，在此表示感谢。

狭间直树

2014 年 8 月

序章　何谓亚洲主义

也许所有人都曾预想，21 世纪亚洲在世界的地位将会提高。过去日本曾高唱亚洲主义，也是广为人知的事情。

在以西方文明为中心的近代世界结构重整阶段，亚洲主义顺势而生。其诞生与变迁折射出近代亚洲，特别是“东亚文明圈”特殊的一面[1]。作为战败以前日本重要的思想潮流，越来越有必要从历史的角度来考察亚洲主义。

1. 亚洲主义的成立基础

目前，人们对于亚洲的地理性概念已没有任何疑问。除了地球仪和世界地图等工具，从人造卫星观测到的画面也更加深

[1] 关于与西方近代文明的接触，及对其的接受所产生的东亚“世界”的变迁，参考狭间直树编《西洋近代文明と中華世界》，京都大学学术出版会，2001 年。

入人心。然而，将地球划分为五大洲这一认知世界的方法，尽管最早可以追溯到大航海时代，实际上始于近代欧洲对世界的统治，即最近一两个世纪才固定下来。

有史以来，地球上的各个地域都是以自我为中心的独立的“世界”。根据辞典，“亚洲”的语源来自亚述语中的assu（“日出”之意），而“欧洲”的语源来自闪语的ereb（“黑暗”或“日落”之意）。即从古代文明中心“东方世界”来看，日没之地（希腊地区）即欧洲，与其相对的日升之处（亚述地区）为亚洲。古代文明中心的“东方世界”与“黑暗”地域的区分，被扩展于今天的地理概念中。

所以，非洲、南北美洲、大洋洲明显是按照大陆板块来划分，只有欧亚大陆是在同一片陆地上划分为亚洲和欧洲。换句话说，因为人为决定了欧洲和亚洲是不同的洲际，所以承载两大洲的同一地球板块合称“欧亚大陆”(Eurasia)。

众所周知，对近代以前的日本人来说，世界即大和(Yamato)、唐（Kara)、天竺（Tenjiku)，对中国人来说则意味着华夏世界。一个有名的故事是，清末著名文人梁启超也是在18岁时（1890年）在上海读到《瀛寰志略》才知道世界“有五大洲和诸国”[2]。鸦片战争的成果之一、徐继畬的《瀛寰志略》在日本幕末时期被翻刻，与魏源的《海国图志》一样，对明治维新产生巨大影响。

[2] 梁启超《三十自述》,《饮冰室合集》，文集卷十一，16页。

在与他地域、他文明相对比，将自己相对化的过程中，“亚洲”认识逐渐明确化。

在中国与日本意识到自身是亚洲成员之前，欧洲人将非欧洲人即非基督教徒居住地区（欧亚大陆的东部）划定为亚洲，从近东到远东层层施加压迫；受欧洲侵略而被迫意识到自我存在，从而诞生了近代的“亚洲”概念。结果“欧洲主义”的内容无人问津，反而形成了主张与欧洲对抗、强调自我存在的“亚洲主义”，对日本和中国来说，亚洲主义的基础是在世界史发展到一定程度时才形成的。

既然亚洲主义与欧洲对亚洲的侵略相关联，那它根本上必然包含着与欧洲相对抗这样一种思想的“对立”构造，且其中一极应该与亚洲地缘、文化的同质性连动。为了避免被侵略和灭亡，亚洲必须引进欧洲的先进性（富强），即亚洲一方必须在与欧洲形成地理和空间性的对抗关系基础上，走追求欧洲式富强的路线。亚洲主义必须在这种错综复杂的二重关系中形成。

互相团结合作以对抗欧洲的“兴亚主义”，即所谓的“亚洲主义”诞生了。此时所提倡的团结合作，无论是理论上还是实际上，都必须以亚洲内部的平等关系为前提。这是亚洲主义的起点。

然而，追求富强的路线中，亚洲诸国如何团结合作、携手共进是一大问题，所以较早完成“维新”的日本开始提倡“脱亚”，在某种意义上是顺理成章的。问题是先驱者是否应该变成压迫者？日本的亚洲主义后来放弃与亚洲诸国平等的团结合作，以日本优势为轴心转而谋求侵略。

2. 亚洲主义的历史阶段划分

亚洲主义历史表面上的终结，是日本在“大东亚战争”即第二次世界大战中的败北，这几乎没有异议。但其出发点在哪里却是较为难解的问题。本书认为，近代的西力东渐是亚洲主义诞生的基础，所以其出发点可以是幕末吉田松阴“海外雄飞论”等，但本书暂不涉及思想史的推进，以 1880（明治十三）年兴亚会（以亚洲合作振兴为目的的团体）的成立为起点，重点考察亚洲主义早期的中心人物之一曾根俊虎，以及兴亚会的前身——振亚社。

兴亚会最初的构想是将整个亚洲纳入视野，但实质上还是以与中国的关系为主，加之笔者力量有限，故本书的考察以中国为中心。

从 1880 年至 1945 年战败，本文将亚洲主义六十五年的历史划分为早期、中期、晚期。早期的国家（特别是中日两国）关系基本对等；中期变为在列强协调框架下，以日本的优势为轴心；晚期则是将日本推向顶峰，一味追求日本的利益（就这一点来说已丧失了亚洲主义的本质）。

这样三个时期的划分，大体对应着政治情况的变化。早期与中期的分水岭是 1900 年的义和团事件与八国联军侵华。在那之前已开始划分租借地、瓜分势力范围，紧接着八国联军出兵并缔结《辛丑条约》，再发展到日英同盟、俄罗斯侵占中国东北、日俄战争。也许有人认为，没有将甲午战争这一使两国关系发生根本变化的事件作为分水岭是不可思议的，后文将就此做具体说明，此处先提出结论，即亚洲主义的变迁与其他诸事象多少有着时间上的错位，从中也能看出东亚史中文明史特殊的一面。

从中期到晚期的推移，主要是1928年的第二次山东出兵。当时借口保护海外日本人安全的紧急“自卫”措施，日本出兵制造了“济南事变”（济南惨案）。日本无视国际法，主动在自己需要的地点与时间对中国发动所谓“事变”，并试图逃避国际法制裁。

这是体现日本对华政策发生飞跃性质变的事件，代表日本放弃了与列强的合作，转而追求自身利益。1931年“九一八事变”中，日本占领东三省并建立傀儡政权，1937年从“卢沟桥事变”到中日战争的全面爆发，就是这种政策的延续。在这种情况下，亚洲主义无疑成为毫无实质意义的空言。

本文将尽力发掘早期亚洲主义被埋葬的历史，并从史学角度进行考察。只有把握亚洲主义所具有的各种可能性，才能展开后面的论证。

这一时期的尾声——1898年东亚同文会的成立，不仅是划分早期和中期的重要分界线，它的历史影响甚至关系到中期的推进。本书将对第一时期的终结点——东亚同文会进行必要的讨论，章节构成如下：

第一章　曾根俊虎与振亚社
第二章　兴亚会
第三章　亚细亚协会
第四章　东邦协会
第五章　东亚会与同文会
第六章　善邻协会——关于冈本监辅
第七章　善邻译书馆
终　章　早期亚洲主义的历史意义——东亚同文会的成立

3. 亚洲主义的研究史

探讨“亚洲主义”研究史时，首先要举竹内好《亚洲主义之展望》为例。这是竹内氏编《亚洲主义》[3]附录的解说文章，它对战后学术界、舆论界对亚洲主义的关注起了决定性作用，是非常具有启发性的文章，引人深思。因其重要性，松本健一新近做了《竹内好“日本的亚洲主义”精读》[4]这一详尽的解读。

[3]　竹内好编《アジア主義》，现代日本思想大系 9，筑摩书房，1963 年。

[4]　松本健一《竹内好「日本のアジア主義」精読》，岩波现代文库，2000 年。

竹内氏认为亚洲主义的内容千差万别，与“膨胀主义或侵略主义完全不同”，与“民族主义、国家主义、国民主义以及国粹主义也完全不同”。但同时也说“与上述主义均有重合部分，特别是与膨胀主义有很多相通之处”。的确，通过与关系较近的各种主义的比较，可以使人建立更加鲜明的印象，但是早期的亚洲主义并不是以上述内容为基础的。“亚洲主义并不是具有实质内容并且在客观上可以界定的思想，而是一种倾向”，对于这种定义，笔者更是无法赞同。

作为上述引文的补充，竹内好还说：“更为确切地说，亚洲主义是明治维新革命以后的膨胀主义中诞生的一个果实。”对此可以做更详细的说明，但大体而言，就对早期亚洲主义的考察来看，这一见解与史实有很大出入。与其说“膨胀主义中诞生了亚洲主义”，更应该说膨胀主义是亚洲主义的一个侧面，两者相伴而生。

笔者更加无法赞同的是，竹内氏认为可以从史学角度叙述亚洲主义“大概是中了历史主义的毒之后的偏见”。笔者认为，无论其主观色彩多么浓烈，历史上出现的“主义”都是可以用史学角度来加以叙述的。所以在详尽学习了竹内氏研究后，笔者才敢于公开本书。

虽然有很多批判，但竹内氏开启了亚洲主义研究的道路，给予再高的评价也不为过。与竹内氏一起进行这方面工作的是桥川文三氏，他在 1960 年代的相关文章以《脱亚论以后》为副标题，收录于《顺逆的思想》[5]。

另外，桥川氏的研究中必须提及的是《黄祸物语》[6]。“黄祸论”在今天完全不被视为学术研究的对象，但实际上它与渗透于生活各处的人种“学说”有密切关系。流行于19世纪末20世纪初的“黄祸论”，将文明的发展阶段与人种的优劣相结合，将欧洲白种人对其他地域有色人种的统治合理化、正当化，定义出黄种人的兴盛是对欧洲复仇的“黄祸”概念。

前面提到没有欧洲主义但有亚洲主义，其实“黄祸论”就是亚洲主义用极其扭曲的形式反映出来的“欧洲主义”，至少从19世纪末开始在欧洲稍稍引起关注，反映出包含亚洲主义的亚洲觉醒已是不争的事实。

下面列举关于早期亚洲主义的几项研究。1970年代酒田正敏的重要著作《近代日本对外强硬运动之研究》刊行[7]。其后的研究和著作多以此为依据，此处无法一一列举。花费大量精力研究曾根俊虎的佐藤茂教发表了与明治初期政局相关联的大胆推论[8]。

---

[5] 桥川文三《順逆の思想——脱亜論以後》，劲草书房，1973年。

[6] 桥川文三《黃禍物語》，筑摩书房，1976年；岩波现代文库，2000年。

[7] 酒田正敏《近代日本における対外硬運動の研究》，东京大学出版会，1978年。

[8] 佐藤茂教《『興亜会報告』と曽根俊虎——興亜会活動に見る曽根の一軌跡》，福地重孝先生还历纪念论文集刊行委员会编《近代日本形成過程の研究》，雄山阁，1978年。其他相关论文还有，《引田利章の経歴紹介と曽根俊虎に関する若干の史料》，《史学》（三田史学会），第45卷第1号，1972年。《『公文備考』に記載せる曽根俊虎被告事件》，《史学》（三田史学会），第46卷第3号，1975年。

另外安冈昭男发表了关于东邦协会的研究[9]。1970年代这方面的研究充满活力。

进入1980年代，中国史方面出现了伊东昭雄的系列研究，均是有用的力作，与本书相关的是《关于明治初期的兴亚论》[10]。笔者从中受到很多启发，仅列举观点不同的两处：一，伊东氏认为大亚洲主义来自日本人历史经验的积累（而笔者认为基本上是近代的产物）；二，“兴亚论”的相反概念是“灭亚论”，而不是“脱亚论”[11]。

的确，从语义上来说，“兴”的反义是“灭”，在富强路线（发展方向）层面上做对比时，维持对等关系的“兴亚”与彻底脱离的“脱亚”并不是完全对立的概念。福泽谕吉写成《脱亚论》时，《时事新报》就曾提倡有必要创立与兴亚论相对抗的“脱亚会”[12]。在日本战败后的1960年代，“脱亚”等同于“灭亚”的认识确立之后，它们才被看作历史性对立的思想。

[9] 安冈昭男《東邦協会についての基礎的研究》,《法政大学文学部紀要》第22号，1977年。

[10] 伊东昭雄《明治初期の興亜論について——大アジア主義の形成》,《横浜市立大学論叢》人文科学系列，第33卷题3号，1982年。伊东氏在广义上使用大亚洲主义。另外还有《清仏戦争と東アジア・試論——日本人の反応について》,《横浜市立大学論叢》人文科学系列，第37卷2・3号合并号，1986年。《『琉球処分』と琉球救国運動——脱清者たちの活動を中心に》,《横浜市立大学論叢》人文科学系列，第38卷2・3合并号，1987年。

[11] 伊东昭雄《明治初期の興亜論について》，一在58页，二在83页。

[12] 《日本は東洋国たるべからず》,《時事新報》，1884年11月13日。

日本史研究方面也有黑木彬文精心的研究成果。1993年他与鳟泽彰夫共同编集并刊行《兴亚会报告·亚细亚协会报告》[13]。这个资料集具有划时代的意义。《兴亚会报告》共35集（明治十三年三月到明治十五年十二月），《亚细亚协会报告》共23篇（缺明治十九年第二篇，含第二年报[14]；明治十六年二月到明治十九年五月），7种规则，5种名簿，2种证明书，加上《曾根俊虎写给伊藤博文的意见书》等珍贵文献，再配以两位编者详尽的说明，对此领域研究的发展厥功甚伟。

1990年代，并木赖寿将兴亚论与中国方面的评价相结合，发表了优秀的研究成果[15]，这是认真读解《循环日报》的力作，但笔者对他将当时的兴亚论归结为“独善”的结论无法赞同。另外，中村义多年的研究《白岩龙平日记》刊行[16]，中国学者赵军的著作《大亚洲主义与中国》出版[17]，菅野正填补了上海

---

[13] 《興亜会報告·亜細亜協会報告》全二卷，不二出版，1993年。这些报告基本上是月刊。黑木氏的论文《興亜会の基礎的研究》，《近代熊本》第22号，1983年；《興亜会の成立》，《政治研究》第30号，1983年；《興亜会、亜細亜協会の活動》(一)，《政治研究》第39号，1992年，等等。

[14] 《亜細亜協会第二年報》于明治十八年六月二十五日刊行。后来鳟泽氏又发现明治十九年三月三十日刊行的《亜細亜協会第三年報》。

[15] 并木赖寿《明治初期の興亜論と曾根俊虎について》，《中国研究月報》第544号，1993年。

[16] 中村义《白岩龍平日記——アジア主義実業家の生涯》，研文出版，1999年。其基础研究有《アジア主義の系譜》，《東京学芸大学紀要》第三部门社会科学，第43号，1992年，等等。

[17] 赵军《大アジア主義と中国》，亚纪书房，1997年。

亚细亚协会的研究空白[18]。广泛包罗亚洲认识的古屋哲夫编《近代日本的亚洲认识》也问世了[19]。

传记资料中最重要的是《东亚先觉志士记传》和《对支回顾录》（含《续对支回顾录》）。《东亚先觉志士记传》由葛生能久监修、黑龙会出版部发行，分上、中、下三册，是1934—1936年即“满洲国”成立到中日战争全面爆发前夕编撰并刊行的。下卷收录了先觉志士1015人的传记。原书房于1966年出版复刻本，收入《明治百年史丛书》。

《对支回顾录》是东亚同文会的编撰物，由东亚同文会内“对支功劳者传记编撰会”的代表人物中岛真雄编辑，同编撰会发行，上、下卷均在1936年4月刊行，6月刊行订正再版。下卷的“列传”中收录约八百人的传记，从时间上看可以认为是为了与《东亚先觉志士记传》相对抗。由同一编者编辑的续编上下卷，换了出版社，于1941年出版，下卷“列传”收录二百余人的传记，这也由原书房在1968年作为《明治百年史丛书》之一种，出版复刻本。

这样两部大著，在中日战争爆发前夕由黑龙会与东亚同文会刊行，具有重大的历史意义。它们是当时对明治以后中日关

[18] 菅野正《戊戌維新期の上海亜細亜協会をめぐって》,《奈良史学》第16号，1998年。关于东亚会，还有藤谷浩悦《戊戌変法と東亜会》,《史峯》第2号，1989年。

[19] 古屋哲夫编《近代日本のアジア認識》，京都大学人文科学研究所，1994年。

系进行的评价，无论是否赞同其观点，都必须承认它们对亚洲主义史研究有不可估量的价值。

单行本传记中最重要的是上村希美雄的《宫崎兄弟传》[20]。所谓宫崎兄弟是指宫崎八郎、民藏、弥藏、寅藏，他们都具有独特的思想并为之奋斗终生，特别是宫崎滔天（寅藏），是亚洲主义“活标本”似的人物。1980年代中期开始刊行的这部巨著，是早期亚洲主义研究中无可替代的重要文献。

举一个具体的例子，是关于《大东合邦论》作者樽井藤吉。樽井作为提倡社会平等和公众最大福利纲领的东洋社会党创始人，非常有名。他的“日韩对等合邦”的构想被竹内氏称赞为“空前绝后之创见”（前引书37页）。《大东合邦论》于1893年刊行初版，樽井在“日韩合并”的前夕发表《日韩联邦之议》等文章，响应政局潮流。《日韩联邦之议》刊载于东亚青年会的报纸《东亚》，上村在国会图书馆找到了残缺的部分。樽井提议“联邦”的理由是，“第一，将现今朝鲜纳为保护国，如不收取保护费，我日本只损则无益，作为联邦必须分担其政费”等，后面都是过去作为《大东合邦论》主倡者陈述的意见，不堪卒读[21]。

[20] 上村希美雄《宮崎兄弟伝》，苇书房，《日本篇》上・下卷，1984年；《アジア篇》上・中・下卷，1987—1999年。《完結篇》则由《宮崎兄弟伝 完結篇》刊行会于2004年发行。

[21] 上村希美雄《宮崎兄弟伝》，《アジア篇》中卷，1996年，537页。

［补注］在李朝末期，朝鲜半岛一般径称朝鲜，1897年改称大韩帝国。在明治时期的日本，这两种说法并用。

“合邦”与“联邦”在字义上所表现的对等性几乎毫无差异，但它们却在樽井赋予的思想内容中变化为完全相反的意思。虽说上村好像发自肺腑地为后来的“日韩合并”感到高兴，但其史料发掘过程中的良苦用心让人敬佩之极。上村氏的发现为此前研究提供了补充，虽然没有动摇“大东合邦论”的根本思想，但对其创建者、思想家樽井藤吉的思想有着敏锐的捕捉。

4. 亚洲主义与大亚洲主义

首先明确本书中“亚洲主义”的用法。同类词中有“大亚洲主义”和“泛亚洲主义”,“泛亚洲主义”的“泛”是pan的音译，其使用范围限定于帝国主义的政策方面，而“大亚洲主义”则可以不受限地使用。

亚洲主义与大亚洲主义这两个术语，无论有没有“大”字，均被人们广泛使用，没有明确区分二者语义的界限。所以竹内好的文章中既说“大亚洲主义”，也说“泛亚洲主义”，还有其他名称，并不认为其中有任何区别，统称为“亚洲主义”，这也是一种认识。

如前所述，虽然同样是亚洲主义，具有对抗欧洲、振兴亚洲这些共同点；但在追求富强的方向上，同亚洲诸国建立平等关系、进行合作的路线，与以日本优势为前提的合作（及压制）路线还是有区别的，这是无可否认的历史事实，而且两者在上述三个时期里均伴随着偏见。

在本书中，前者（即以对等关系为前提的路线）使用不带“大”字的“亚洲主义”，后者（即以日本优势为前提的压制路线）使用“大亚洲主义”，将“大亚洲主义”与“泛亚洲主义”界定为相同内容；而且如本书书名所见，二者均用“亚洲主义”来总括。

在同一文章中使用同一术语时，有时会因背景不同而带来词义的变化；使用这一界定，是为了避免因此而招致误解。当然，笔者不会改变原作者的用法，在产生混乱时会加以适当说明，比如即使原作者只说“亚洲主义”，但如果实为后者的意义，则会加以说明；相反，即使说“大亚洲主义”，但如果是前者之义的话，则加上“广义大亚洲主义”的解释，力图将原作者的用法和本文的用语相统一。孙文于 1924 年在神户进行演讲的题目《大亚洲主义》[22]广为人知，前述赵军《大亚洲主义与中国》的书名也是一例。

[22] 这个演讲题目是日本主办者规定的。孙文应该知道日本高唱的“大亚洲主义”被理解为吞并中国主义的隐晦表达（李大钊《大亚细亚主义与新亚细亚主义》，《李大钊文集》，人民出版社，1984 年），但是他也呼吁立足于东方“王道”文化来对抗西方“霸道”文化。

第一章 曾根俊虎与振亚社

现在知道曾根俊虎这个名字的人非常少。即使知道，也几乎只限于他是孙文和宫崎滔天的介绍人这一身份。孙文自传《有志竟成》中曾这样说，1895 年惠州起义失败后，在日本流亡的自己前往夏威夷，“后（陈）少白由彼介绍于曾根俊虎，由俊虎而识宫崎弥藏，即宫崎滔天之兄也。此为革命党与日本人士相交之始也”[1]。

宫崎弥藏（1869—1896）是寅藏（1871—1922，号滔天）的比肩兄长，为改革日本构想了从邻国清朝开始着手的“支那革命主义”，并感化了滔天，因此他们开始寻求与中国革命家的接触，曾根帮他们实现了这个愿望。曾根是西南战争中为西乡隆

[1] 《孙中山全集》第 6 卷，中华书局，1985 年，230 页。

盛方面军战死的滔天的兄长宫崎八郎（1851—1877）的友人，也可以说他们之间有夙缘。

滔天见到曾根是在1897年5月。滔天形容当时的曾根“此人年约五十上下，短发如雪，身材短小而潇洒”，“兴致勃勃地追述着往事，又畅谈当前的形势”[2]。早期亚洲主义的创立者之一，架起了孙文与滔天之间的桥梁，是值得大书特书的故事。

曾根俊虎，号啸云，是东北强藩米泽藩儒学者曾根敬一郎之子，1847（弘化四）年出生。少年时期在藩校兴让馆学习汉学，有英才之誉，在那里受到了后来因大官暗杀阴谋事件而被明治新政府处决的云井龙雄的感化。在导致德川幕府崩溃的戊辰战争（1868）中失去父亲后，在米泽向渡边洪基（1848—1901）学习英学，又去江户向吉田贤辅学习洋学。在幕末激荡的年代中度过少年时期后，成年后的曾根面临维新后的新社会，他亲身经历了时代的变化，是身具新旧两个时代教养的“时代之子”。

云井龙雄是戊辰战争时期策划奥羽列藩同盟的人物，1870（明治三）年因大官暗杀阴谋事件而被处决。在后来发生的暗杀云井判刑负责人广泽真臣的事件中，曾根因有为云井报复的嫌疑而被逮捕。但后来因胜海舟、副岛种臣、西乡隆盛等人的支

[2] 宫崎滔天著，岛田虔次、近藤秀树校注《三十三年の夢》，岩波文库，1993年，165页。中文版：林启彦译《三十三年之梦》，三联书店，1981年，111页。

持而释放，第二年加入海军[3]，当时虚岁25岁。

此后曾根俊虎直到1891年因病退役为止，为海军服役20年。其间1880（明治十三）年创立兴亚会，并因为在这方面的活动得到了志士、浪人之“先驱者”的名声。自海军退役后，他基本上是作为在野人士活动，但从过往的经历来看几乎都与“忧国团体”有关系。晚年的曾根往来于长崎—东京之间，从事于各种“海外贸易”，但均不成功。1910年5月31日，于东京的临时住所去世。

曾根俊虎的一生，从幕末到维新初期是具有汉学和英学修养的知识分子，在明治政府中作为海军军人度过前20年，后20年则是在野名士。出身米泽藩这样的不利条件，还有受广泽事件牵连入狱，都让他的人生多少让人感到被阴影笼罩。

1872（明治五）年6月，曾根俊虎被任命为海军少尉。翌年3月，他跟随交换《日清修好条规》批准书的特命全权大使、

[3] 佐藤茂教《『興亜会報告』と曾根俊虎——興亜会活動に見る曾根の一軌跡》，福地重孝先生还历纪念论文集刊委员会编《近代日本形成過程の研究》，雄山阁，1978年，440页。佐藤氏推断，曾根在广泽事件中被牵连，是因为他目击了暗杀者，所以暗杀的主谋伊藤博文、木户孝允、井上馨欲杀害他，但被胜等人救出，又得到大久保利通的支持，得保平安。笔者无法判断这充满传奇色彩的推断是否正确，但作为曾根与副岛、大久保、伊藤之间关系的一种解释，不无意义，故例举在此。曾根传记层面上的记述参考佐藤论文，黑木彬文《興亜会の成立》（《政治研究》第30号，1983年），东亚同文会对支功劳者传记编纂会编《对支回顧録》下卷（同会，1936年）等，除特殊问题外省略出处。

外务卿副岛种臣来到清朝中国。回国后在海军省本部工作，12月升任中尉。这段升职只用了1年半时间，升任大尉则是5年半以后的1879年7月。此后的12年间，直到带着大尉的职衔退役，他与晋升无缘。也许是非藩阀，加上出身米泽藩的缘故吧。

再细看他的人生。作为副岛全权大使的随员来到清朝，无疑提高了兼通中西学的曾根的名望。这次行程成就了“支那通”曾根俊虎的声名，后述他希望转行进入外交官行列，也缘于由此次经历建立的自信。

1884年9月曾根因台湾事件（出兵台湾）被派往中国大陆，任务是军需用品的调配与情报收集。这是呼应陆军方面确立谍报体制的行动，才将曾根派往海军情报活动的第一线[4]。他在翌年12月完成任务后回国，马上又在1886年2月受命去清朝中国，至1888年1月的两年间，一直在中国进行情报收集工作。因为这项功劳，曾根回国后立刻受到天皇的接见[5]。当时天皇频繁接见多方人士，其中就包括“对支问题第一人”曾根俊虎。

与此相关，他还献上中国的情报活动总结《清国近世乱志》

---

[4] 佐藤三郎《日清戦争以前における日中両国の相互国情偵察について》，《近代日中交渉史の研究》，吉川弘文馆，1984年，140页。

[5] 佐藤茂教氏认为曾根十分看重这次接见，因为后来曾根说过“对明治政府的一切怨念都忘却，决意作为兴亚家而立”。《『興亜会報告』と曾根俊虎》，442页。

《炮台诸图》，并受到褒扬[6]。后者未能亲见，从题目上看应该是兵要地志，前者则是高水准的太平天国史。兵要地志单独作为专门的报告书提出，其余则作为历史著作公开。《清国近世乱志》刊于1879年，距天京（南京）失陷仅过去15年，是非常早的太平天国著述。不仅时间早，内容也非常翔实，从中可窥探曾根的学识。汉公《太平天国战史》[7]在《参考用书 日本文书》中即首先推举了《清国近世乱志》。

《日本地理兵要》作者姚文栋在《日本国志・凡例》中记录，日本方面大力援助了此书相关内容资料的搜集[8]。"参订姓氏"中可见北泽正诚、小牧昌业、冈本监辅、冈千仞等名字，他们都是后来兴亚会或亚细亚协会的主要成员。

曾根的著作当时能够脱颖而出，首先可以归因于它是站在万国公法的立场上（利用中国内乱的观点和相应内容，容后详述），即太平天国是与"官"相对的"敌"，而不是"贼"。一方面认为反乱首领洪秀全是英雄，同时又彰显平叛功臣曾国藩的功绩。反乱的原因是清政府的政治腐败，这一点不曾动摇。而且曾根特别赞叹"敌"军翼王石达开战死的场面，称其"大

---

[6] 《对支回顧録》下卷，299页。但同书后改作《支那近世乱志》。《支那近世乱志》内有"译撰人 曾根俊虎""明治十二年十一月十五日出版许可"字样，卷首有副岛种臣的题字。"译撰"是本人所写，可以认为是著作。

[7] 汉公（刘成禺）《太平天国战史》一书，1904年孙文作序出版，笔者参考的是共和日报社1911年刊本。

[8] 姚文栋《日本国志・凡例》,《读海外奇书室杂著》，乙酉（1885）序，五十叶表。

志”“仁义”，又描写“官”军李鸿章的胜利，谴责其道义上的出尔反尔。从这些观点来看，曾根的执笔意图，说是惋惜太平天国的失败有些过分，但无疑在强调清朝政治改革的必要性[9]。

另外，此处应该确认曾根俊虎是否立足于儒学基本教义，即一国政治必须负有保证人民生活安定的责任，兴亚这一思想意识形态与此是表里关系。《清国近世乱志》中他对“乱”的定位，以及对“大志”“仁义”的评价说明了这一点，而且以万国公法的视角加以阐述。

从这个立场上来认识被欧美侵略的亚洲版图，并进而走向正面的亚洲主义，以及为兴亚而合作的思想意识形态，是能够自然预想到的一个思路。虽然舍此应该还有到达此一思路的几条途径，但以振亚社的形式着手将其组织化，无疑是曾根俊虎的功绩。

草间时福（1853—1932）[10]认为曾根俊虎创立振亚社是在“明治十（1877）年春”，认为此时间正确的记述所在多有，但从曾根的海外工作时间推测，恐怕应该是明治十一年春天以后的事

---

[9] 曾根俊虎《清国近世乱誌》，日就社，1879年，例言，236页，200页，214页。

[10] 草间时福《興亜会成立の歴史》，《興亜公報》第一辑，明治十三年三月十四日，4页。《興亜公報》（第2集开始改题为《興亜会報告》）《亜細亜協会報告》均根据黑木彬文、鱒泽彰夫编《興亜会報告・亜細亜協会報告》（不二出版，1993年），下文省略复刻版书名，仅表示《XX报告》号数、刊行年月日（有略）、该号页数。

情[11]。振亚社的宗旨是诸国合作振兴衰败的亚洲，除此之外甚至草间的演讲中也没有提到其他内容。草间还说到具体工作是创建教授“支那语学”的学校，曾根曾与金子弥兵卫商量云云。但是金子从北京公使馆归国是 1880 年 1 月[12]，所以应该如下文所说，系于同年 2 月创建兴亚会附属学校。

振亚社的内容基本上不得而知，也可以推测其实没有什么值得一提的内容。值得关注的是几乎同一时期，大久保利通与何如璋（事实上的第一任驻日公使，1877—1882 年在任）商谈的计划，后来的《对支回顾录》将这个计划中的团体称为“振亚会”。但如黑木彬文所指出的，之前的文献中并没有出现过这个名字[13]。

通过兴亚会第一次会议上宫岛诚一郎（1838—1911）的演讲可以确定，二人实际进行了磋商，意欲实现这个计划，在何如璋的发言（即与曾根俊虎的谈话记录）中也得到证明[14]。具体措施是双方各派教师 4 人、建立学生 60 人左右规模的学校，学习对方语言，借何如璋之言，即“（自）敝国选举少年数十名

[11] 佐藤茂教认为，1878（明治十一）年因为大久保利通的努力成立了兴亚会的前身振亚社（佐藤茂教《『興亜会報告』と曾根俊虎》，430 页）。笔者赞成此一时间，但不认同与大久保利通（1778 年 5 月 14 日被暗杀）的关系。

[12] 《金子弥平〔金子弥兵衛〕》，《对支回顧録》下卷，242 页。

[13] 《大久保利通》，《对支回顧録》下卷，161 页。但也写作“振亚社”（同前书，上卷，674 页）。黑木彬文《興亜会の成立》，86 页。

[14] 《宮島誠一郎演説》，《興亜公報》第一辑，15 页。

（而）留贵地、亦送贵国选举少年（于）敝国，互学国语，各（使）知两国情实，后来至两国政府益々交订亲密，上所为下自仿之，上下相亲交如胶漆，缓急相扶以御外侮”[15]。

这个计划因大久保被暗杀而受挫。何如璋就任公使是1877年12月24日，大久保被暗杀是翌年5月14日，所以二人商谈计划的时期可以圈定出来。从上面引用的“谈话”中何如璋与曾根的问答可以看出，这个计划与曾根没有任何关系。在大久保手下实际作成计划案的宫岛后来加入曾根的兴亚会，为了创立兴亚会学校，将大久保计划与曾根等人的振亚社混同为暧昧的“实体”[16]。另外，宫岛诚一郎是曾根同乡，均是米泽藩出身，在中文教育史上留下较大影响，广为人知。

振亚社的后继者是兴亚社，这在前引兴亚会创立大会上草间时福的发言《兴亚会创立的历史》中明确提到，但并没有说何时创立。在亚细亚协会恳谈会上北泽正诚的演讲提到[17]，振亚社是1877年春创立，宗旨是“振起亚洲诸国之衰弱，挽回往昔之隆盛”，发起人除了曾根俊虎，还有东次郎和前田谦吉，均是关心朝鲜和清朝问题并与海军有关的人物。

在考证曾根俊虎组织振亚社这样的亚洲主义团体的思想过

---

[15] 《欽差大臣何公使と曾根氏の談話》，《興亜会報告》第2集，6页。何公使的发言刊载于第2集时已经是训读体。

[16] 黑木氏已经指出二者是不同的团体。《興亜会の成立》，84页。

[17] 《紀事》，《亜細亜協会報告》第五辑，1883年6月16日，2页。

程时，黑木彬文重视曾根的《兴亚管见》一文。这是1874年12月曾根西湖旅行日记《清国漫游志》中的内容，是从净慈寺吾哲师处得到《太平天国檄文》后，作为回礼而相赠的书册。曾根在《兴亚管见》中吐露了对亚洲诸国受西方压迫的痛心，并思考挽回之策。

> 近拟倡开兴亚一会，须在中东两国〔清国、日本〕[18]，先为回心协力，兴亡相辅。然后推及亚洲诸邦，共相奋勉，俾能自强独立，庶可终雪会稽。……敢呈兴亚管见一册，敬表衷情[19]。

这一想法与下章要论述的兴亚会宗旨的核心部分确实是一脉相承。可以肯定曾根在创立振亚社之前已经具有一定的兴亚思想意识形态，但要断言《兴亚管见》在1874年已经完成还需慎重。因为《清国漫游志》被印刷出来是在《兴亚会报告》第20—24集，即兴亚会成立后一年半左右的事情，时机太过巧合。《漫游志》中用六页多篇幅来介绍吾哲师惠赠的《太平天国檄文》，但如此重要的文献在《清国近世乱志》中却难以找到痕迹，更令人疑问倍增。当然笔者无意断然否定此时曾根已经抱

[18] 〔 〕为狭间注，下同。

[19] 曾根啸云《清国漫遊誌之続》，《興亜会報告》第22集，1881年1月30日，40页。

有亚洲主义思想萌芽。

引人注意的是《漫游志》刊载时的前言部分，其中没有提及军人职责，而是首先阐述了此文的思想背景：

> 余在武职，性质微弱，故厌行伍，明治甲戌年，漫游清国，与吾友柳园子同行，扬州吟月，西湖探梅，路访骚人墨客，互申雅怀，自思得从赤松子，可谓天幸[20]。

他将与町田实一（1842—1916，号柳园）的西湖漫游比喻为风流之行，是汲取赤松子精神的神仙漫游——即《漫游志》是隐藏军事目的而着重书写文人精神，其后续发展又联系着兴亚会的组织，上文如此结尾：

> 方今亚洲中，其得独立者，仅有日清二国而已。况同文同种，唇齿之谊，当视为一家。而我两国，向来不重主权，受欧美之凌辱，尤当协力恢复，何不忍一家庭之小嫌隙，以乱大谋焉。诗曰，兄弟阋墙，外御其侮，岂非徒言哉。是我欲洗耳，竟江湖行[21]。

---

[20] 麻峰闲人曾根啸云《清国漫遊誌》第一编，《興亜会報告》第20集，1881年9月20日，9页。

[21] 《清国漫遊誌》第一编，《興亜会報告》第20集，9—10页。

此次漫游，是他决意谋求中日两国应有态度之“行”。曾根在履行海军军人任务的同时，形成了自身的兴亚思想，当时是兴亚会成立一年半以后，在《漫游志》前言中已有交代。

兴亚会创立后，曾根马上又被派遣到中国。1880 年 4 月 5 日出发，同年 11 月 8 日回国，去了上海、福州、广东等地。后逢壬午事变（1882）、甲申事变（1884）、中法战争，凡有必要搜集情报时，曾根都被派往中国。1884 年 8 月因福州事件，他被从上海派往广州。所谓福州事件，是指趁中法战争之际，陆军方面的小泽豁郎（1858—1901）等人在福州策划利用哥老会发动暴动，其中曾根的具体作用不明[22]。从那以后曾根再没有被派遣至中国，他向伊藤博文提出希望转行做外交官。

1886（明治十九）年 5 月和 9 月，曾根提出意见书[23]。5 月份在名为《陈情书》的意见书中，曾根如此说：放弃出访欧美的升职路线而选择专心对清国工作，是因为保有“兴亚之大目的”，这个大目的包括两点，第一是在清国衰退之际，如果“草莽悲歌不平之徒”叛乱，可加以利用，“为本邦兴伟业，巩固后来基础，竟达兴亚之大目的”；第二是如果清国与日本一样进行维新，“亲密交际以相救于艰难……定亚洲联合之策以防欧美各

---

[22] 写给伊藤博文的《陈情书》中所言“第一大目的”或许就是指此。关于福州事件，参考田中正俊《清仏戦争と日本人の中国観》，《思想》第 512 号，1967 年 2 月（收录于田中正俊《田中正俊歴史論集》，汲古书院，2004 年）。

[23] 《興亜会報告・亜細亜協会報告》第二卷，（总页数）292—296 页。

国之轻侮，竟达兴亚之大目的”。

仅看这些表述，第一大目的难免会有侵略主义之嫌。恐怕当时志士们对中国的想法均有很大程度与此重合。用万国公法的视角来分析太平天国之乱，也应该与此相呼应。但是很明显，曾根所追求的是清朝的改革与发展，随后为了达成这一伟业，根本上需要得到清朝的“人民信用”，以及中日两国“志士之志”相一致。

曾根说，中法战争后清政府的进步很明显，如今正值应该加强和平合作关系，即追求第二大目的的时期，他从这个情况判断出发，向伊藤“陈情”转向“外务交际官”。如果不被准许，“转任农商务，负责日清之间实地商务，以贸易与彼决输赢，誓兴本邦公益”。实际上这也是为了达成“兴亚之大目的”，曾根在长期任军职之后，期望通过“交际”和“贸易”来达成兴亚之大目的。

更加根本的是，追求日本的国家利益是理所当然的，但这个利益必须在对等关系中实现。上述《陈情书》之后，6月发生长崎事件。清朝海军提督丁汝昌率领的水兵舰队在长崎引发暴力事件，曾根对这次事件的看法令人深思。他在9月写给伊藤博文的文书[24]中这样说：

[24] 这项文书（无题）附录于《对支回顧録》下卷《曾根俊虎》条目中，题为《奉総理大臣伊藤伯閣下書》，但“明治十一年”的时间有误。且“明治十一（1878）年”是内阁制、华族令发布之前，所以该文书的处理有双重错误。

目下，如长崎事件虽素小事，亦非无故者起。夫本邦人视清国人与视欧美人大异，视之如牛猪加以轻蔑，清国人亦蔑视本邦人，呼之假鬼子[25]。

日本人和中国人之间相互存在歧视。日本人因为讨好欧美人而蔑视中国人，所以是“假鬼子”，文书中在汉字上认真标注了音读和训读两种读音（jiaguizi/nise onigo）。引发暴力事件的真正原因在于这些错误的蔑视，如果这样，比如在朝鲜问题上即使日本采取独立保护的正确政策，也不会被清朝官民所信赖，报纸上会写“吞并朝鲜觊覦满洲”，这样就无法成为“良友”，这是曾根所呈的建议。他认为不仅对中国，对朝鲜也应该持有对等关系。

到此为止的分析和意见都很不错，曾根更进一步，指出“失和睦相轻蔑”的原因：

我政府自明治维新至近年，对清国之处置（台湾琉球事件等）即使无侮其心但难免于形。我既侮彼彼亦侮我。若不得侮则怒且怨[26]。

[25] 《興亜会報告・亜細亜協会報告》第二卷，（总页数）296—297 页。

[26] 《興亜会報告・亜細亜協会報告》第二卷，（总页数）297 页。

1874年出兵台湾与1879年的“琉球处分”等，日本政府所采取的政策肆无忌惮。“无侮其心”只是文饰，要正视“难免于形”的现实。这是兴亚会直面现实后的问题，但“呜呼，何时可使怨怒爆发”。

曾根对于出兵台湾，在前述《漫游志》前言中已经加以批判，认为讲和却收取50万两赔偿金，与自己“意想悬隔甚远”。前面提到“良友”一词，可以理解其中心是希望将来两国间构筑良好关系。

9月的第二封信中也在恳切请求伊藤考虑自己转行外交官一事。曾根如此期待转行，无疑有厌恶海军工作的成分。信中针对有些人说自己是有名的“侦探家”故不适合做领事，他强调自己在中国实是作为“兴亚家”而出名的。

> 余明治十三（1880）年于上海刻印兴亚会规则书三千部配给官民中之知己。又就该会赠李氏一书，李氏参谢于天津海关道。[27]

曾根自称在上海发布兴亚会规则书三千部并有很多朋友，是想突出人脉之广的印象；向李鸿章上书且李氏专门到天津海关道“参谢”曾根，则是为了使人认识到其人脉之深。中法战

[27] 《興亜会報告・亜細亜協会報告》第二卷，（总页数）301页。

争中法国战舰炮轰福州时，当地道台方盛勋还来请求参谋。这些均是适合成为“外务交际官”的经历。进入外交领域，无疑曾根可以从事多年来期望的兴亚事业。

过去曾经一起执行海军情报任务的柳园子町田实一于1883年秋被任命为香港领事代理[28]。与曾根一起创立振亚社的东次郎（南部次郎，1835—1912）也在同年成为芝罘领事代理心得[29]，曾根当然很焦急。

但是，伊藤博文最终没有回应曾根俊虎的请求，等待曾根的反而是作为罪人被拘禁的命运。1899（明治二十一）年他因笔祸事件遭免官和拘禁，不过最终也无罪释放。佐藤茂教考证，虽然说是因为在《法越交兵记》中指责当局招来的祸事，但其实牵涉到条约改正问题的秘密出版[30]。曾根两年后告病退休，佐藤氏认为是其对长州阀垄断海军，特别是对清朝武断政策的抗议[31]。《对支回顾录》首先将笔祸的原因归结于《法越交兵记》，是否故意为之尚不可解。

---

[28] 吾妻兵治《送亜細亜協会員町田君于役香港叙》,《亜細亜協会報告》第10号，40页。关于町田的兴亚思想容后述。

[29] 《対支回顧録》下卷，110页。领事代理心得一职的年薪是银2600元，应该有待遇方面的考虑。“领事代理心得”为外交官职，指下级官员代行领事代理一职。——译者

[30] 佐藤茂教《『公文備考』に記載せる曽根俊虎被告事件》,《史学》第43卷第3号，1975年。

[31] 佐藤茂教《『興亜会報告』と曽根俊虎》，443页。

离开海军后，曾根俊虎度过了落魄的晚年，1901 年 4 月参加东亚同文书院开院仪式，他请来到长崎的东亚同文会副会长长冈护美同行，“形容枯槁，须髯皆白的长躯，极尽先觉的末路萧条，使兴亚会时代的同志及子弟皆黯然”[32]。这是离开海军仅十年的时候，此后曾根又度过十年余生后去世。

根据曾根俊虎养女口述[33]，曾根是具有“豪放快活”性格的人，也许确实是这样吧。他死后孙文来到芝白金的兴善寺祭拜他。养女专门提到孙文的拜祭，对于没有得到应有回报的“兴亚家”曾根俊虎来说，这也许是最好的安慰。

[32] 《对支回顧録》下卷，301 页。

[33] 佐藤茂教《引田利章の経歴紹介と曽根俊虎に関する若干の史料》,《三田史学》第 45 卷第 1 号，1972 年，95 页。

第二章 兴亚会

1. 兴亚会的创立与活动

兴亚会创立于1880（明治十三）年2月。在当时的日本国内，西南战争结束后呈现出自由民权运动高涨的势头，对外则是中日两国间因为“琉球处分”问题而持续对立。视野再扩大一点，法国侵略安南（越南）的步伐也在加速。

1880年2月13日，几乎没有实体存在的振亚社改头换面为兴亚会，会址在久保町的卖茶亭。所谓“卖茶亭”，从字面上可能难以想象，其实是一处西洋酒楼[1]。参会者十余人，决定更改会名，选举长冈护美为会长，渡边洪基为副会长，曾根俊虎、金子弥兵卫、草间时福为干事。而且还讨论了曾根起草的立会宗旨与会章，作成“临时规则”。大家决定努力增加会员，

[1] 王韬《扶桑游记》（走向世界丛书本），岳麓书社，1985年，408页。

至3月9日第一次会议之前争取发展百名以上的会员。因为事务繁忙，所以临时增加两名干事宫崎骏儿和佐藤畅。3月1日，会长、副会长、五干事一起制定了“本会规则”[2]。

这个规则以《兴亚会规则》[3]之名印刷成小册子，其中收录了立会宗旨《兴亚会设立绪言》和规约《兴亚会规则》。绪言部分与曾根起草的内容相比，将对象从“支那”扩大为亚洲诸国，并有几处不同[4]。

《兴亚会设立绪言》中的思想，非常引人深思，首先定位亚洲形势：

> 窃惟方今亚细亚全州之大势，国不相依，人不相辅，委靡偷薄，苟且自安。当此之时，全州志士，孰不慨愤者哉。夫欧美诸州之能致隆盛者，皆由于彼此言语相通，情事谙练，故缓急可以互相维持也。呜呼，使我全州诸国若此，则振兴衰颓，而比隆欧美诸州，岂其难哉。

---

[2] 草间时福《興亜会成立の歴史》,《興亜公報》第一辑，1880年3月14日，4页。《興亜公報》(从第2集开始改名为《興亜会報告》)为黑木彬文、鳟泽彰夫编辑解说《興亜会報告・亜細亜協会報告》第一卷，不二出版复刻版，1993年。以下省略复刻版书名，页数基本上为原报告页数。

[3] 《興亜会規則》收录于《興亜会報告・亜細亜協会報告》第二卷259页。《興亜会設立緒言》《興亜会規則》皆出于此书。

[4] 黑木彬文《興亜会、亜細亜協会の活動》(一),《政治研究》第39号，1992年，3页。

叙述近代欧美国家侵略亚洲的整体形势的同时，分析认为他方优势在于“彼此言语相通，情事谙练”的相互合作关系。当然曾根并非不了解欧美诸国间相互敌对的关系，只是强调它们对待亚洲时总是首先克服自身的内部矛盾，其前提条件是互通彼此的语言。所以他呼吁通过建立此种关系来实现亚洲的振兴。

但是，在亚洲还真正保持独立状态的只有日本和中国，朝鲜、越南、老挝只有名存实亡的独立，缅甸、印度等处于欧洲诸国的直接统治之下，“此兴亚会之所以不可不亟设也”。

中日朝三国的交往历史源远流长，与东南亚诸国的交往也历史悠久，相互间通信、贸易等关系的重要性远非欧美可比。但即使如此，日本与中国和朝鲜的实际往来还没有稳定的基础，与东南亚诸国更不用说。这种状态下应该做什么呢？

> 在今日之急务，联亚洲诸邦之士，协合共谋，兴正道而拯衰颓，则不可不先知其情势。欲知其情势，不可不先通其言语。本邦能欧美诸洲之语者有之，而能支那朝鲜亚细亚诸国之语者甚少。何也。校舍之设，未全备也。岂不遗憾哉。

应该追求“兴正道而拯衰颓”，这是共存、共生的大目标。拯救“衰颓”的亚洲要恢复“正道”，用后来孙文的话说，就是非西洋的“霸道”而是东方的“王道”[5]，兴亚会成立之时就已经竖起这面旗帜。

为了实现这个大目标，当然必须相互加深理解，但是条件却完全不具备。虽然日本致力于欧美语言的学习，但却没有教授亚洲诸语言的学校。这种状况现在虽然有所改善，但众所周知此种不均衡局面的影响还是很大。

所以，首先要着手创立学校，而且要组织传达机构和信息网络。在东京创立教授中文的学校，设“公报局”输送“通信员”前往亚洲各地，为会员们提供信息。将来，在上海、釜山等地也成立学校，加强三国人士的交流，并逐渐发展至其余诸国，呼吁大家来支持这个大目标并一起努力。

> 志士苟无驰远而遗近之悔，惠然肯来，同盟于本会，赞成其事业，以匡其不逮，则振兴亚细亚全州之大势，其庶几乎。
>
> 明治十三年三月一日　兴亚会

这个创立意向书志向远大，全十七条的《兴亚会规则》也很完备。第一条规定兴亚会的性质是“本会讲究亚细亚诸邦之形势、事情，并以习得语言文章之学为其事业目的”。会员有

[5]　孙文《对商业会议所等团体的演说》，《孙中山全集》第11卷，中华书局，1986年。

“创立员”和“同盟员”两种，会费均是每月 1 日元，但前者征收创立费 10 日元以上，后者的入会费只有 2 日元（第三条）。委员由选举产生，即“于每年四月第一土曜日大会，以一般会员投票选举会长一名，副会长一名，干事五名”（第六条）。如果创立员增多，就设议员（十二名），也是选举产生（第八条）。有被选举权的只有创立员，必须通过选举来选出委员，这是当时的时代特点。

4 月 10 日（并不是第一个星期六），第二次会议进行了实际选举[6]。会长伊达宗城（48 票），副会长渡边洪基（38 票），干事 3 人（恢复原数），金子弥兵卫（40 票），草间时福（38 票），佐藤畅（18 票），其后是宫崎骏儿（17 票）。根据记录，当天与会者共 39 人，从票数上看应该是未出席者也行使了投票权，但无法确知事实究竟如何。前任会长长冈卸任是因为赴任荷兰公使，其余均是再次任命。因为曾根有出外任务离开了日本[7]，所以第三位干事由佐藤和宫崎一起担任。干事的选举应该是一次性投票三人。

这一天还进行了议员选举，定数 6 人，选出大仓喜八郎、宫岛诚一郎、桂太郎、大久保利和、伊集院兼良、铃木慧淳。

---

[6] 《本会記事》,《興亚会報告》第 3 集，1880 年 4 月 21 日，1 页。

[7] 在翌年一周年会的改选上，“开启众员改选票”的结果，曾根位于众人之首。议员（定数 12 人）另有町田实一、佐藤畅、金子弥兵卫、末广重恭、重野安绎、岸田吟香等（《興亚会報告》第 16 集，4 页）。

桂太郎因为公务繁忙而辞职，补上来的榎本武扬也因为同样理由推辞。后面的小牧昌业和郑永宁同票（12 票），以起立的方式决定小牧当选。大久保利和是大久保利通的养子。正副会长都是选了位高之人，但如此选举方式也反映了自由民权的风潮，完全是崭新的做法。

会长长冈护美（1850—1906）是肥后藩主细川侯的第六子。副会长渡边洪基是武生藩学者之子，在福泽门下学习兰学和医学，1879 年任学习院院长，因为他的关系，兴亚会的集会经常在学习院召开。翌年选举中，会长伊达宗城以年老为由辞职，副岛种臣替补上任。伊达宗城（1818—1892）是宇和岛藩主，对《日清修好条规》的签订有所贡献。副岛种臣（1828—1905）是肥前藩士，维新后活跃于外交领域。

邻国中国在后来的变法运动及革命运动中，都没有使用过投票选举的方法。辛亥革命之前，进行过咨议局选举，中华民国成立后进行过众参两议院的选举，但不知有民间团体选举委员的事例。孙文认真考虑民主会议的方法并制定《会议通则》[8]

[8] 《会议通则》(《建国方略之三　民权初步 [社会建设]》),《孙中山全集》第 6 卷，中华书局，1885 年，412 页。参考江田宪治《孫文『会議通則』の民主主義思想》,《孫文と華僑》，汲古书院，1999 年（中文版：《孙文与华侨》，孙中山纪念会，1996 年）。梁启超等人于 1903 年在加拿大的维多利亚、温哥华等地进行保皇会副会长等选举（会长康有为无需选举），1907 年在东京进行政闻社的部分职员选举（《新大陆游记节录》,《饮冰室专集》22，中华书局，1936 年，8 页；《政闻社开会记事》,《政论》第 2 号，1907 年 11 月 15 日）。

已是1917年的事情了。

如前所述，第一次会议于3月9日下午3点在神田锦町的学习院召开。当天，长冈会长因故缺席，渡边副会长以下的创立员35人、同盟员20人共计55人出席。其中可以看到重野安绎、中村正直等文化界名流。虽然不是庞大的团体，但可以推测其具有相当的社会基础。

当天代替会长祝词的是锅岛直大，也许因为是例行公事的祝词，所以《公报》中的介绍很简单，如下：

> 此协会成立缘由为何者。基于亚细亚诸国亲睦往来，洞察形势，如欧罗巴各国相互感触厉害痛痒。今日兴亚会之创立，全为表明亚细亚文明之进步。祝其创立，并望今后走向盛大。

引人注意的是兴亚会的创立是“为表明亚细亚文明之进步”这点。

接下来副会长渡边洪基宣读立会宗旨，干事草间时福介绍本会创立的历史，曾根俊虎介绍“支那钦差大臣何如璋”公使虽未能出席，但“欣喜于本会之创立”，正在进行入会交涉云云。

渡边这样“演说”了立会宗旨。欧美在进行战争和竞争的同时“维持同族、同文、同教的一致团结”，并得到“利益”。亚洲诸国“日本、朝鲜、满洲、支那、安南、缅甸”也是“人种相同文教不相殊”，所以应该学习欧美诸国，一致团结并与其对抗，带来“将来全地球上的人世社会的一大幸福”。为此中日两国志士应该联合，着手创立“支那语学校”并将其普及，本会创立的目的即在此。

“演说”一词意味着向对等的听众阐述意见，“选举”也是以对等人格为前提的意愿表达方法，是适合近代国民并面向多数人的表达方式。福泽谕吉也很提倡这种方式，它随着自由民权运动的普及而固定下来。

渡边演说中将亚洲诸国限定在缅甸以东，这也许是讲话时的临时发挥，但以东亚为中心是理所当然的，对波斯等西亚诸国是随需要而列举。“人种相同文教不相殊”是相对欧洲的大体概括。另外不说“清国”而分“支那”和“满洲”，其真意不好臆测，但值得留心。这个时期使用的“支那”一词，完全没有后来成为历史问题的轻蔑含义。

这里必须注意的是对语言学习的重点支持。如果从今天的常识来看，确实没有必要特别提出，但如果考虑到那是维新后仅仅十余年的事情，还是令人吃惊的。因为这与后来日本对亚洲诸国语言不正确的轻蔑，以及日本强调自身优越的历史有太大的反差。明治初期的日本人，在与邻国接触方面有着正确的感知。

重野安绎在第一次会议上直接提出了这个问题，他认为学习“汉学”必须“正则”，“正则”即“熟音韵通言语”。在日本，中文虽是“我国文章之躯”，但自江户时代以来逐渐被人们疏远，如今开展外交进行“正则”授课，是“无限之幸福”。

如今，外语从“音”开始学起是理所当然的常识。但是以前的知识分子即使能够读写中文，却不会听和说，即只能进行笔谈。重野安绎自我批评说“如余虽阅汉籍数十年，然因变则不通言语”，这是从他自身的经历而言，因为“昨年与清客王紫诠（王韬）游东京，暂居敝寓”，“虽日夜相接，互不晓其言语”，即二人没能充分进行交流。

当然，如长崎通事般“仅解话音”，缺乏“文学”（学问）交流也是不够的。只有能够“熟话音，自在音读经史诸书”，才能“互通两国人情世态”，兴亚会本来的目的就在于此。重野安绎强调这也是他自己的迫切希望。

关于王韬，容于后述，先简单叙述他到日本时与重野安绎的关系。

1879 年王韬来到日本[9]。他从上海出发到达长崎是 5 月 2 日，途经神户、大阪、京都、横滨，5 月 18 日到达东京。离开东京是在 8 月 23 日，从横滨乘船经神户、长崎于 8 月 31 日回到上海，共在日本停留了百余天。邀请他的是栗本锄云，帮助具体事务的是重野安绎、中村正直、龟谷行、冈千仞等人。此过程在王韬《扶桑游记》几人的序跋中可见。总之，他是作为著名的

[9] 关于王韬的记述基本参考《扶桑游记》。文中出现日期、序跋等处省略注释。

《普法战纪》作者，而且是学贯中西的当代学者受邀赴日的。

对王韬的高度评价有很多，比如冈千仞认为他是魏源的“继承人”，重野安绎则认为他已经超越了魏源。对此王韬回答说，魏源的时代不能与洋人深入交往，“未能洞见其肺腑”，但是魏源的“师长”一说是先驱性的，可惜的是以前只停留于口头上没有实行，现在正在实行却又流于表面[10]。

重野安绎看到旅馆的房间太窄小，所以提出让王韬住在自己家里。王韬接受了他的好意，6月6日搬了过去。王韬刚到东京时住在筑地的精养轩，让重野感到窄小的不知是何处的屋子。但王韬这次是带着厨师来的，与我们想象中的旅行完全不同。

简单介绍一下重野安绎（1827—1912）的经历。重野号成斋，萨摩人，在江户的昌平黉里与中村正直是同学。他协助了万国公法的日译，1875年进入修史局。1879年，他成为东京学士会院会员，6月在该院发表《宜设汉学为正则一科选拔少年秀才使留学清国论说》，提倡废除训读，提高音读水准。1884年任东京大学教授，1889年任史学会第一任会长。他努力建立实证史学，提倡史学当从儒教中独立。因为他不断揭露神话的虚构性，所以诨名“抹杀博士”。

重野安绎将明治的时代精神即实证主义（positivism）带入

[10] 王韬《扶桑游记》，413页。

历史研究领域，在建立与主观派史学对立的客观派史学，将历史变为科学方面功不可没[11]。重野安绎对确立日本近代历史学贡献卓著，随着内藤湖南、狩野直喜、服部宇之吉等人的登场，他作为过渡期的人物，其功绩被定位为问题发起者[12]。总之，他是日本近代历史学的创立者之一，黎庶昌高度评价其学问"兼中、东、西三者之长"，这绝对不是单纯的外交辞令。

相对重野主张外语中"正则"的学习，兴亚会干事、《朝野新闻》社员草间时福在文章中则强调其重要性："世人若感亚细亚连衡之要用，则宜知支那之国势，欲知支那之国势，则必先入门支那语学。支那语学岂非等闲一日可学哉。"[13]无疑这是与兴亚会创立相呼应的宣传活动。

实际上也如《设立绪言》中高唱的，兴亚会开始着手亚洲语言教育。最早的"支那语学校"，是创会前1880年2月7日以曾根俊虎的名义申请，得到东京府许可，同月16日即在芝荣寿寺开学。这所语言学校的发展比较顺利，但两年后决定合并

---

[11] 麻生义辉《近世日本哲学史》，近藤书店，1942年，327页。关于汉学者重野安绎，参考陶德民《重野安繹と近代大阪の漢学》，《日本漢学思想史論考》，关西大学出版部，1999年。

[12] 町田三郎《明治の漢学者たち》，研文出版，1998年，98页。

[13] 草间时福《支那語学の要用なるを論ず》，《朝野新聞》1880年2月17日（黑木彬文《興亜会の成立》，《政治研究》第30号，1983年，91页）。

入文部省管辖的东京外国语学校，1882 年 5 月 14 日关闭[14]，总之是开拓性的存在。另外在大阪、神户、熊本等地也创立了“支那语学校”[15]，其中大阪的学校继承了前一年开设的东本愿寺学校的各种资源。

关于这所学校只记述一点。培养方案中除了外语还有“汉学”和“译书洋算”，后者“轮讲”的教科书有中村正直译《自由之理》（即下文的《自由论》）等。而且如教师吉田义静所说，斯文会（1880 年 6 月创立）只理解圣贤教诲就可以了，兴亚会则是学习语言，更有“从事兴亚之事实”的必要。“兴亚细亚”之实践，不单纯是为了亚洲，还是为了欧洲。正是故人所云“善邻国宝”，“以四邻守国”，这才是兴亚的真精神[16]，即所谓亚洲主义。本国的安定建立在与邻国良好关系的基础上，亚洲的崛起和发展与欧美等世界范围的共存、共生紧密相关，所以必须学习弥尔的《自由论》。

广部精在这样的基础上做了更进一步的尝试。1880 年 10 月 20 日大会上，广部提议用中文编集会报，得到认可，他从第 12

---

[14] 《吾会紀事》,《興亜会報告》第 28 集，1882 年 5 月 31 日，1 页。黑木彬文指出，所谓因为经费紧张而关闭学校，只是表面上的理由（10 页）。

[15] 鱒泽彰夫《興亜会の中国語教育》,《興亜会報告・亜細亜協会報告》第 1 卷解说，22 页。鱒泽的解说非常全面，包括兴亚会的中文教育是日本中文教育的原动力，兴亚会与陆军的关系，中文教科书的编撰状况等等。

[16] 吉田义静《同会諸君に告ぐ》,《興亜会報告》第 7 集，5 页；第 8 集，7 页。

集开始担任编修[17]。第12集封面的《本局敬白》[18]第一条这样宣言：

> 一　本报告，向用和文录事。而外邦未能尽通，则非所以传本会之意也。因议今后改用中文，以广便亚洲各国士人之览，非敢有所区别也[19]。

用中文编集是为了让亚洲各国人士都来阅读。应该注意的是，广部的考虑以“西洋诸国各异其语，而以英语为通话”为基础，立足于“清国官话，非但清国，乃亚洲之通话也”[20]这一观点之上。即鉴于欧洲将英语作为“通话”，所以应该实现将中文作为东亚“通话”并活用于“官话”。所谓“官话”，是指在方言千差万别的中国作为标准通用的语言，比如北方的北京官话、江南的南京官话、内陆的西部官话这三大系统。广部在上述文章中还说清国十八省的语言均不相同，就像十八个国家。

广部的构想绝对不是单纯提倡复古，而是为了使东亚适应近代世界的再生，包含着崭新的计划。广部还根据威妥玛的《语言自迩集》编辑成教科书《亚细亚语言集》。他所说的“官话”

[17]　《本会記事》,《興亜会報告》第12集，1880年11月15日，1页；23页。

[18]　所谓“本局”是指兴亚会的公报局，即负责《兴亚会报告》编辑刊行的部门。

[19]　《本局敬白》(原中文),《興亜会報告》第12集，封面里侧。

[20]　广部精《官話論》,《興亜会報告》第12集，5、6页。

是指北京官话，这与随着国际政治关系变化北京官话逐渐取代江南官话成为中国普通话的过程相对应[21]。

有人提出，这样全部使用中文的编集方针会造成不便，所以从第14集开始设立“和文杂报”，封面的《本局敬白》后来也刊登同样内容。“和文杂报”栏作为地域版面，整体版面使用“官话”的精神不变。其后的《亚细亚协会报告》中也继续刊登内容基本相同的文章。由此可见，广部与周围的亚洲主义者们的确非常认真地考虑建立“通话”。

也许兴亚会是顺应了当时的潮流，创立初期就有了很大发展。创立时只有十余人，一个月后第一次会议就有百余人，一年后扩大至三百余人（创立会员163人，同盟会员144人）[22]。期间还设立了神户（第一分会）、大阪（第二分会）、福冈（第三分会）等分会。

东京本会会员155人的职业种类，根据黑木彬文氏调查[23]，最多的是外务省28人；第二位海军省20人；第三位内务省15人；第四位是报人和商人，各14人；第六位是兴亚会语言学校的学生，后面的第七位到第十一位均是宫内省等地的职员。总

---

[21] 高田时雄《トマス・ウェイドと北京語の勝利》，参考狭间直树编著《西洋近代文明と中華世界》，京都大学学术出版会，2001年。

[22] 《興亜会創立の歴史》，《興亜公報》第一辑，6页；《本会記事》，《興亜会報告》第15集，5页。

[23] 《興亜会の基礎的研究》，198—213页。

之，官员的比例非常高，其次是报人和商人的团体。只是大阪分会的商人较多，军队成员中海军多、陆军少。出身方面以非藩阀为主，萨摩藩因大久保利通的关系尚有几人，而长州藩几乎没有。桂太郎当初作为创立会员加入，大概是因为他在谍报方面的领导地位[24]。中国会员有王韬等26人（因为公使何如璋、副使张滋昉等人不在此表中，所以中国会员应该更多一些）。

2. 中国方面的反应

如其宗旨所言，兴亚会在全亚洲开展活动。虽然数量不多，但在波斯也发展了会员[25]。考虑到当时的交通条件，可以看出其活跃程度。但其主要活动对象首推中国，次为朝鲜。

对朝鲜人的活动，比如在1881年12月12日召集6名绅士在竹川花月楼召开座谈会。参加的“韩绅”有玄昔运、高永喜、李鹤圭、郑舜镕、金弘培、赵汉容，日本方面有曾根俊虎、宫岛诚一郎、广部精、草间时福、成岛柳北、副岛种臣（代理）、三岛毅、岸田吟香、重野安绎、榎本武扬、假名垣鲁文等名人与会，总人数42名。1882年6月21日在筑地寿美屋的会议上，朝鲜方面又迎来了金玉均、徐光范，加上副岛种臣、榎本武扬、渡边洪基、清朝公使黎庶昌（同年2月就任）、宫岛诚

[24] 佐藤三郎《日清戦争以前における日中両国の相互国情偵察について》,《近代日中交涉史の研究》，吉川弘文馆，1984年，140页。

[25] 《本会記事》,《興亜会報告》第19集，1页。

一郎、郑永宁、三岛毅、曾根俊虎、张滋昉等，共 47 人，实属盛会[26]。

中国是最主要的活动对象，先看第一任公使何如璋的情况。

何如璋赞同兴亚会宗旨而入会。3 月 9 日第一次会议称有要务在身缺席，让公使馆翻译钜鹿赫太郎代为出席。他还以“会员诸君子会发言”为理由推辞了“祝词”，这是托词。但他又让翻译带来书信，说邮寄创立费，请充当会费云云[27]。

说服何如璋入会的人是曾根俊虎，他在事后整理了当时的问答[28]。曾根在回答何如璋的问题时阐述了兴亚会的宗旨，“兴亚二字即概要挽回我亚细亚衰退萎靡大局之意”，亚洲诸国必须相互帮助。白种人对黄种人的“无道”不仅是英国占领印度、法国占领越南等，整个亚洲都成为“碧眼人夺取之所”。白种人得陇望蜀，“封豕长蛇觊觎上国（中国）”。对于这样的威胁，

---

[26] 《本会記事》,《興亜会報告》第 24 集，1 页；第 30 集，1 页。

［补注］松谷基和对朝鲜与兴亚会的关系有间接但深刻的见解。基督教农学家津田仙与朝鲜开化派人士的交流，并不限于传播基督教这一宗教方向，也涉及农业技术的普及。津田对朝鲜的关心是通过亚洲主义团体兴亚会等逐渐深化，所以基督教传道是“基于强化日朝合作的亚洲主义基调”的事情，津田等人也应该算是集“基督教”与“亚洲主义”于一身的“基督教亚洲主义者”。松谷基和《明治期クリスチャンと朝鮮開化派——「キリスト教」と「アジア主義」の交錯》，松浦正孝编著《アジア主義は何を語るのか》，ミネルヴァ书房，2013 年，412—418 页。

[27] 《興亜公報》第一辑，2、18 页。

[28] 《欽差大臣何公使と曾根氏の談話》,《興亜会報告》第 2 集，3—8 页。何如璋询问中文学校教员张滋昉为人等，此处省略。

“丧失独立权”“同文同种”“辅车相依”的“贵邦与敝国”，应“益发亲密同心协力，振兴亚洲之雄念”，不使“碧眼人窥我等间隙”。通过这样的叙述推举出《兴亚会章程》，显示教化。这个章程由曾根起草，成为最终的《兴亚会规则》（参考本章注 3）的草案。

根据曾根的报告，何公使看到章程后“拍案称快”，记述如下：

> 具见阁下与各同志之诚心，欣佩之至。呜呼今日时局，唯我亚洲最不振，然欲维持同州大局，非中东〔清、日〕合力，则不足以御外侮。今立会，当先求通语言，言语通，则情意恰。而两国一切，政教风俗，隐微曲折，彼是周知，渐渐联络，一气互维持，可以收唇齿相依之交[29]。

言语间表示完全赞同，在这段文字后面有“这章程，甚详密，请将这本留此，当细细留心，此会盛举，同阁下，劝我国人协力同心也”。

后面又言及与大久保利通创立语言学校的计划，因为兴亚会成立这一“我亚洲未曾有的盛举”，可以实现以前受挫的学校计划。这可以反映出他们过去的计划与曾根无关，而且何公使

---

[29] 《何如璋筆談部分》（原中文），《興亜会報告》第 2 集，6 页。

继续将话题扩展至东西文明论：

> 夫欧美诸国，如今大开理学，其精巧精奇，虽实惊人目，只可习者不过练兵之法、制作军器、蒸汽电线之用。于道德修身之学，远不及我之圣道，方今，西洋诸国外唱仁义，内不止欲利之念，竟侮小压弱，奴隶视我亚洲，实弟辈所不堪痛叹。呜呼，兴亚之会，岂非后来使彼卓越之基础焉。

这是将西洋“理学”即科学与东方“道德修身之学”相对比，强调后者之优越性的评论，如此将科学和道德相关联的思考方式在当时中国知识分子中是共通的。不仅如此，即使至 1920 年代孙文在演讲“三民主义”时，也正面提出过这个观点[30]。

何如璋如此高度评价兴亚会的成立，却又缺席第一次会议，并且拒绝祝词，应该有其相应的理由。

何如璋就任后，面对的中日两国外交问题是琉球问题[31]。所谓琉球问题，是指“两属”于中日两国的琉球在维新后被日本纳为冲绳县的纷争。14 世纪以来，琉球王国一直向明清两朝进贡。17 世纪初被岛津征服，幕府将琉球赐予岛津，允许王国

[30] 孙文《民族主义》第 6 讲，《孙中山全集》第 9 卷，247 页。

[31] 关于“琉球处分”的经过，参考金城正笃《琉球処分論》(タイムス選書 8)，沖縄タイムス社，1978 年;《对支回顧録》等。

存续，并对明朝进行讲和交涉，这就是“两属”关系的由来。幕末，琉球王国如“独立国”一般，与美国、法国、荷兰缔结了条约。当时琉球方面使用清朝年号，明确显示出宗主—藩属关系。

1879 年 4 月，日本发布琉球废藩和设立冲绳县的公告，下面简单回顾之前的过程。

日本政府在废藩置县后的 1872 年，册封琉球国王尚泰为琉球藩王，位列华族，翌年命令其提交对外条约的正本（接收外交权）。这些措施均没有通知欧美诸国，也没有通报清政府，而是持续朝贡，直到 1872 年和 1874 年。日本的意图即在幕后造成既成事实，而且作为出兵台湾的收尾措施——因为清朝向受害的琉球渔民支付抚恤金，以之作为“琉球是日本领土”的强有力证据。

1875 年，日本政府派遣内务大臣松田道之前往首里城，命令今归仁（Nakijin）王子废止朝贡、庆贺使、册封使，以及使用明治年号等。琉球方面认为废止朝贡是忘恩负义之举，希望维持，向东京方面陈情。1877 年，派遣秘史幸地朝恒前往福州（向北京总理衙门转达此事），而且还拜托条约缔结国美、法、荷的驻日公使斡旋。1878 年以后，琉球问题作为中日间的外交问题日趋表面化。

何如璋于 1878 年 9 月向日本政府抗议朝贡的废止，要求恢复朝贡。日本政府一方面拖延外交交涉，另一方面于 1879 年 4 月 4 日武力执行“琉球处分”，翌日任命锅岛直彬为冲绳县令。

6月，给予从命上京的华族尚泰王以土地邸宅和金禄公债二十万元，并命其“东京居住”(1885年，根据“华族令”授予侯爵爵位)。

清政府立即对“处分”提出抗议，并要求撤回，在实施“处分”的新阶段开始外交交涉。清政府派出李鸿章，提出北部归日本、南部归中国、中部琉球王国存续的“三分案”。显而易见，清政府的目的是维持册封朝贡体系。另一方面，日本外务大臣井上馨则提出将宫古、八重山割让给中国，均沾最惠国待遇这一“分岛增约案”[32]，明确了即使放弃宫古等地也要使王国消失、将琉球并入日本这一基本方针。

交涉在继续，双方当然无法妥协，日本等不及清政府的承认将“处分”变成事实，结果只能是通过甲午战争使“一切得到现实性解决”[33]。

这样看来，兴亚会的创立正值日本用外交手段处理琉球局势、进行交涉的时期。何如璋因为赞同兴亚会宗旨而作为创立员入会，但考虑到外交情势的紧张，所以他仅仅向会议派出代表并婉拒了祝词。

---

[32] 1879年8月10日美国前总统格兰特与天皇会见并提案，外相井上馨采用此方针（黑木彬文《興亜会の成立》，89页）。

[33] 简单叙述“分岛增约案”以后的经过，庙仪决定于1880年4月，8月与沈桂芬等人的协商开始，10月清政府承认分岛改约但推延，1881年1月，驻清公使宍户玑认为责任在清朝一方，留下田边太一书记官，独自回国。后来这个问题暂时被搁置，1882年黎庶昌公使希望再议，但井上馨坚持此问题已经了结（《対支回顧録》上卷，170—177页）。

兴亚会当然也在中国本土招募会员。如前所述，曾根俊虎到中国时带了三千本宗旨小册子并广泛发送，以求在各地获得会员。比如在香港，《循环日报》社长王韬入会。入会时王韬通过笔谈做了如下发言：

> 亚洲弱甚矣，以地舆视之，惟有中与日耳。安南将为法并，暹罗缅甸将为英并，俄又窥伺高丽波斯，而阿富汗殆为英灭，印度东南洋，大小诸国，今无一存。三百年来欧人之横极矣。是弟日夜，所为忧也。大兄慨然有这举，弟不堪感悦。愿使弟名载于簿上，汗马之劳所不敢辞也[34]。

也许是有前年来日的经历，他用报人的眼光来把握国际情势，以非常积极的态度参与。

曾根欲使重臣中的重臣、直隶总督李鸿章入会而特地来到天津，呈上一书，认为中日韩三国应该“唇齿之邦，独可勿相亲相爱一伸同袍同泽之志乎”，请求赞同与支持。从记录其过程的《通信》[35]来看，李鸿章认为该书函“能简单悉欧亚目今之大势，慷慨淋漓，议论明晰”，并感叹“见识远大，志气雄壮”，然而最后还是谢绝。“大赞其事”，其“赞”也许只是外交辞令。

---

[34] 《本会報告》，曾根俊虎向本会递交的书简，《興亜会報告》第4集，18页。

[35] 江口驹之助《清国通信》，《興亜会報告》第8集，8—10页。曾根的上书是中文。

但是王韬却在自己的《循环日报》上介绍兴亚会，毫无顾忌地发表了自己的意见[36]。

王韬，江苏苏州人，1828年生于文人之家，号弢园。考上生员但乡试失败，遂断科举之路来到上海，在西方传教士手下工作，逐渐理解西方近代文明，游历太平天国首都南京，提出上海攻略策。后来为避清政府的追捕躲到香港，1867年开始访欧，1874年创立《循环日报》。当时的王韬凭借《普法战纪》声名鹊起，1879年受邀访问日本。晚年成为上海舆论界、教育界重要人物，1892年去世[37]。

《循环日报》是中国人创办的最早的政论报纸（周日休刊的日报）。社论大多数都出自王韬之手。最初的十年由王韬担任主笔，而报纸本身一直存续到日军占领香港[38]。报上这样介绍兴亚会：

最初的报道是1880年4月末的《日本设立兴亚会》[39]。其中主要介绍了兴亚会是在"振兴亚洲大势"宗旨下建立的，聚

[36] 参考西里喜行《王韜と循環日報について》，《東洋史研究》第43卷第3号，1984年。此论文中含有王韬在《循环日报》文章一览，是颇费苦心之作。

[37] 王韬后来被无政府主义者吴稚晖称为"真正的老革命党"（《劳动》杂志第3号，1918年，51页），以吴稚晖的立场，他的评价令人深思。

[38] 曾虚白《中国新闻史》，政治大学新闻研究所，1969年再版，196、753页。《循环日报》抗战胜利后复刊，1947年停刊（史和等《中国近代报刊名录》，福建人民出版社，1991年，322页）。

[39] 《日本设立兴亚会》，《循环日报》1880年4月29日。

集了会长长冈护美、副会长渡边洪基等日本名流，主倡者（创立员）70余人，赞同者（同盟员）70余人，规模宏大，选举有能力者处理会务，教授“中国语音文字”，在上海、釜山设立分会，谋求中日韩三国人士的交流，如果目的达成就可望亚洲的大势振兴，从这些举动可以看出日本有识之士的“识趣不凡”，干事曾根俊虎等人来本地活动，等等。

上面的报道明确说是从“西报”截取的，内容和评价应该也是根据西报转译。但是同页上王韬的《论日本设兴亚会》的意见则如下[40]：“呜呼，东瀛事势至今日又当一变矣。琉球既已夷灭，高丽罔知振兴，其足以自立为雄者，惟日本耳。”如此起笔，提出琉球的灭亡却又不提日本的责任，这向读者显示出两篇报道的相同立场。王韬评价兴亚会说：“盖欲振兴亚洲之大势，而使国运日隆，骎骎然与欧洲比烈也。故必学习中国及高丽之语言文字，而徐有以知其政治之得失、教化之盛衰，其善者则从而效之，其不善者则因而改之，务期救弊补偏兴利除害，以成隆平盛治。是则此会之创，洵乎志大而计深、虑周而心热也。”但是日本欲兴隆，必须向中国学习“礼仪廉耻之风”“忠君亲上之忱”，整备国政。孔子曾言“齐一变至于鲁，鲁一变至于

[40] 《论日本设兴亚会》，《循环日报》1880年4月29日。从王韬的措辞“智巧日尚，则天性日漓，机变日工，则奸诈日出”可以看出，对明治维新以后的日本事态，他未必持肯定态度。

道”（《论语·雍也》），但王韬认为“日本及今而又能有以一变也。则谓兴亚会之成，即日本一变之机要，无不可也”。

用孔子之言结束的这篇文章，明显含有批判日本的寓意，但同时也极为婉转，持存小异求大同的论点。第二天的《兴亚会事续录》仍然对兴亚会的创立给予“其意甚深而其识极远”的高度评价，并刊载了《兴亚会设立绪言》[41]。内容是《兴亚会规则》所收的绪言全文，无疑是前不久来港的曾根俊虎、伊东蒙吉带来的。

王韬在发表批判兴亚会言论的半个月后，又发表《论中日当释嫌》[42]。文章中除了指出日本与中国合作防御外敌而组织兴亚会是好事，还有以下言论：

> 然则两国之交，自宜开诚布公，相见以天。即如琉球一小国，故中日两国所并属者也。以地界论之，则于日为近。然日要不得俘其君据其地，夷之为县，倾覆而翦灭

[41] 《兴亚会事续录》，《循环日报》1880年4月30日。此文中还记述了正使吉田正春欲前往波斯，他们的任务是对政治、风俗、地理、物产等兵要地志进行调查。

[42] 《论中日当释嫌》，《循环日报》1880年5月14日，无署名文章。《弢园文录外编》中没有收录，但从“入会之人，大半与予相识”之语可以判断是王韬之作。另外王韬的“相识”中村正直担心“琉球处分”会带来中日关系紧张，作七言古诗：“日清之事我所忧，顷刻片晷难忘过……若使二邦用干戈，后来结果可叹嗟……愿得吾忧归妄想，二邦和亲如一家……”（木下彪《明治詩話》，文中堂，1943年，283—284页。）

之也。日人虽设百端以自解，而灭国二字究不能辞。中国以琉球之事有所追问，亦出于理之不得不然、请之不得不有。而日人以此遽欲干戈相向，自恃其长以逞厥志，其无乃非睦邻之谊也。

中国的立场是天下正道，日本的做法是为获取领土。所以如若想与中国和好，兴亚会就要名副其实，正确处理琉球问题。这样明确了自身立场后，又说：

日之政府宜揆之以大义，仍以中山一府畀之琉王，使之奉社稷供烝尝，备两国之共球，存一朝之制度，则凡在亚洲大小诸国，必同声合口，颂日本之圣德于无穷也。如是，非出于中国之所索而出于日本之自为，于日本之国威无所损、国体无所伤。泰西诸国闻之，必以日本高义薄云汉，为近今所罕觏、亘古之所未闻。……今以中山还，其故物正相当也。自有此一举，可与中国释前隙泯夙嫌，尽消芥蒂，永敦辑和。于是投胶勒石、重结誓盟，中日相联，而更与英缔好，然后可以御俄。……故兴亚第一义，无过于中日相和，而中日相和第一义，则在还琉球之故土。日本政府，何不以此事亟亟图之也哉。

对于这些意见，会中曾根诸人只强调这对兴亚来说只是小事，政府会妥善处置。王韬回答说，琉球问题绝不是小事，如果不能面对现实真诚处置，那兴亚会的创立就没有意义，并要求诸人回答。

需要注意的是，王韬的质问只归结于册封体系的维持。在上述文章中，王韬指出分岛案给琉球问题带来的危机，这个态度的转换非常突然。《循环日报》之前还称赞《兴亚会报告》中金子弥兵卫的文章“其识见之卓越、立说之精详，诚非空言无补者之可同日而语也”，持续三日连载[43]。

但是对于兴亚会来说，回答王韬的质问并不容易。6 月 14 日例会时末广重恭（铁肠）陈述意见，认为“爆击《循环日报》论兴亚会之一篇，明确兴亚会之主旨”，“其论痛快”，但并未记述其具体内容[44]。“爆击”之语，也许是表示高调的反驳。推测“爆击”的内容，应该是冲绳县设立乃日本内政，以此来转移批判对象，谋求中日两国在更高层面的合作，以对抗西方。

后来，美国前总统格兰特介入调停，商议开始，8 月 16 日

[43] 《日本人论中外大势》，《循环日报》1880 年 5 月 10 日；《接录中外大势录》，11 日、12 日。金子弥兵卫的文章《亚細亜洲総論論説》，《興亜会報告》第 2 集，《亚細亜洲誌論略日本条下論説》同为第 3 集刊载。以上文章均是在受西方压迫的大前提下，主张敦促文明发祥地亚洲奋起，而日本应成为其先驱。

[44] 《本会記事》，《興亜会報告》第 6 集，1 页。末广重恭当时是成岛柳北的《朝野新闻》记者。

刊登《兴亚会宜杜其弊论》[45]。这篇文章与普通社论位置不同（他刊转载），从议论的结构来看很像王韬的手笔。题目就明确表达了批判兴亚会的目的。

> 日本人创立兴亚会。其志则大，其名则美。而事势之难处，意见之各殊，则非特等于无神空言，且将类语阴谋诡计也。盖太上以德感人，其次莫如恩威并济，信义相孚。今日本无端而构衅台湾，蓄谋而翦灭琉球。则其所为睦邻者，概可知已。即泛称博引，援古证今，欲维时局，其谁信之。虽曰此乃日廷之事，固不得归咎于会中人也。且其人亦多谋深识卓，肠热眼冷，洞知事变，眷怀君国。欲得借手以宏济于艰难而丕成其勋烈、奠宇宙于磐石之安、跻斯民于衽席之上者，又何容过为訾议乎。

文中说多有至美之事反生不至美之事，这在《兴亚会报告》中吴鉴与松村驹太郎的笔谈中经常出现。

此文对兴亚会展开激烈批判。《兴亚会报告》第 12 集收录此文，但附上了对不知本会者之“杞人之忧”无需“赘辨”的前言[46]，如下：

---

[45] 《兴亚会宜杜其弊论》,《循环日报》1880 年 8 月 16 日。

[46] 《興亜会報告》第 12 集，1880 年 11 月 15 日。

阅循环日报，中有题兴亚会宜杜其弊论。盖其意不过杞人之忧，而恐有骇杯中之蛇者。因今录其文，再公天下。天下自有知本会者，不待本局之赘辨也。

《兴亚会报告》第 12 集刊登了广部精的《官话论》，高调宣布会报全部用东亚官话（中文）编辑，上述转载自《循环日报》的文章继《官话论》之后列于社论栏。这显示出编者广部认为对理解兴亚会主旨的人来说，《循环日报》之论不过“杞人之忧”。批判性文章原本只能作为同伴邻国人的“异见”来看，为了使人们加深对兴亚会的了解才放在了社论栏[47]。

但是，吴鉴和松村的笔谈载于《兴亚会报告》第 8 集[48]。从刊行日期来看，中间只隔了 18 天，这说明兴亚会对应之迅速。吴鉴的意见如下：

如立会之后，言语相通，即思难相恤，在大国，不以并吞小国为心，在小国，不以抗拒大国为志，则此举为美举，有志图存，未始非识时务之俊杰也。如立会之后，行识其形

[47] 政府的方针措施与曾根、广部等人之间的分歧，黑木彬文氏认为是兴亚会内部“领导层”与“推广层”之间的差异（根据《興亜会の成立》,《政治研究》第 30 号）。

[48] （天津）松村驹太郎《同〈清国通信〉》,《興亜会報告》第 8 集，1880 年 7 月 29 日，15 日。

势以行其割据山河之志，欲通其言语以行其窥伺邻国之谋，则孟子所谓作俑无后，亦不可不鉴也。予不揣冒昧，特进数言，欲诸君子既成美举，仍杜后患，更有后望焉。

吴鉴是广东人，其余皆不详。但从笔谈中推测，应该是个了不起的人物。语调如文人般恳切，意见与王韬一致。《兴亚会宜杜其弊论》在引用了吴鉴的意见之后，称赞其“眼光独注，回越寻常者”，要求兴亚会同人反省“尤当力为维持，以免外人得腾其口，说致疑谤之日滋”。

对此要求的回答，笔者尚未发现。无论是曾根还是广部，都没考虑到“灭国”，所以也没能站出来回答，或者是对册封体制提出反对意见。但无论怎样，关于这个问题的摩擦，已经表现出这一时期亚洲主义的二重性。另一方面，翌日的《循环日报》刊载了曾根和伊东对李鸿章的上书[49]，也说明王韬对兴亚会还是有所期待。

即便如此，王韬等人对于兴亚会提倡的中日合作论，琉球问题（以及出兵台湾）都“如鲠在喉”。翌年 8 月中旬的《循环日报》社论认为，中日应以和为主发展贸易，共同对抗俄国侵

[49] 《附录东洋兴亚会同人上李傅相书》,《循环日报》1880 年 8 月 17 日。虽是附录，但在中外新闻栏目的头条，或者是前一天《兴亚会宜杜其弊论》的附录。《兴亚会宜杜其弊论》在社论栏的位置，即中外新闻栏目的第四位，表明它有可能是从其他报纸转载（并没有出现在西里氏《循環日報論説見出し一覧》中）。

略，但论调的核心还是“琉球处分”需要撤回[50]。

在当时对俄国侵略的警戒与对抗相当强烈，上述社论之后马上刊登了两国应共同防御俄国的文章[51]。另外主张商业发展的论调在兴亚会也有很深厚的基础，下章关于亚细亚协会的内容里将作更加详细的阐述。

---

[50] 《论日本当与中国和》,《循环日报》1881 年 8 月 16 日;《续论日本当与中国和》,《循环日报》1881 年 8 月 17 日。

[51] 《论中日当合力以拒俄》,《循环日报》1881 年 8 月 18 日。

第三章 亚细亚协会

1. 从兴亚会到亚细亚协会

1882年12月13日的委员会议上，提出了将兴亚会改名为亚细亚协会的方针。这次8人会议有会长长冈护美，议员广部精、末广重恭，事务委员仁礼敬之等人参加。决定改换名称的同时，还将会中大事作成文书，通知各会员并听取意见[1]。

1883年1月20日，在筑地寿美屋召开的“三周年大会”上，“拟议将兴亚会名称，改作亚细亚协会，此日当会众前取决，众皆可之”。兴亚会三周年大会即成为亚细亚协会的创立日。会

[1] 《吾会紀事》,《興亜会報告》第35集（1882年12月22日最终号，1—3页）。黑木彬文《解說》中所谓对“亚细亚协同会”的改称，是指《吾会紀事》中的“亚细协同会”，应该是笔误。另外花房义质、曾根俊虎、金子弥兵卫等人从普通会员变为终身会员一事可以看出（《亜細亜協会報告》第3篇、第4篇《紀事》），会员范围并不是固定的。

报也改称《亚细亚协会报告》，第一篇（即创刊号）附录《改刊亚细亚协会会员居址姓名录》。也许是为了突出体现新的出发点，前一年年末即将会员分为“永远盟员、恒常会员、通信会员”三种，其中永远盟员包括长冈护美、伊达宗城、锅岛直大等7名日本人，加上清人黎庶昌，韩国人朴永孝、金晚植，共10人，采取了横跨中日韩三国的组织形式。大会选举长冈为会长，渡边洪基为副会长，重野安绎、宫岛诚一郎、谷干城、岸田吟香、末广重恭、广部精、成岛柳北等，以及张滋昉（仅有的一名外国人）等24人为议员，任命仁礼敬之为事务委员兼编辑，兼子直吉为会计委员[2]。

《姓名录》中，会员以渡边洪基打头，接下来是曾根俊虎、金子弥兵卫，共162名[3]。除了上述人员，还有草间时福、桂太郎、东次郎、榎本武扬、牧野伸显、副岛种臣、三岛毅、品川弥二郎、原敬、竹添进一郎、津田真道等，另有清人王韬（紫诠）、何如璋、姚文栋、吴硕的名字。“通信会员”有在上海的江口驹之助、在京城的牛场桌造等7人。还有“赞成会员”，包括“波斯（现伊朗）”人30名，“土耳其”人2名和清朝驻柏林公使李凤苞，共33人。

---

[2] 《吾会紀事》,《亜細亜協会報告》第1篇（1883年2月16日），1—3页；《附報順送 改刊亜細亜協会会員地址姓名録》（同篇末，1—21页；“永远会员”记作“终身会员”）。中村正直被选为议员后推辞不任，其真实意图不明。

[3] 会员名簿最后写着“第一（神户）、第三（福冈）分会员”，意义不详，有待考证。

以改换名称这种形式来改组的主要原因，黑木氏的解释是，除了佐藤三郎认为的清朝会员对以日本人为中心的兴亚会之名存在异议，还有设置“永远盟员”等反映出的领导层的保守化。这种解释应该是合理的[4]。

长冈护美在会长报告中通告了更改会名一事，还总结了兴亚会第三季度的活动，这显示出两个协会是具有“连续性”的。与改名一起被改正的“规则”[5]也是一样，举出了因为兴亚会之名“非所以示广”故而改名亚细亚协会这样的抽象理由，但它对亚洲诸国现状的看法以及提倡善邻合作的理论基本不变。虽说有些许感情上的龃龉，但同时也可以说兴亚会的事业通过改名得到了继承。

向亚细亚协会的转移，似乎使组织整体上保守化了，但使用中文来加强亚洲诸国（特别是中日韩三国）联络的基本姿态并没有发生变化。《兴亚会报告》中的《本局敬白》，在《亚细亚协会报告》中改为《例言》，其第一项明确说“幸我国与清韩素称同文，是编中不单用国文而辄用中文者，亟于互通彼此情事，亦行远自迩之意也”。单独使用国文（即和文）的只有“国

[4] 黑木彬文《解説 興亜会・亜細亜協会の活動と思想》，《興亜会報告・亜細亜協会報告》第1卷，13页。

[5] 《明治十六（一八八三）年一月改正 亜細亜協会規則》，《興亜会報告・亜細亜協会報告》第2卷，271页。这里所说的改正是对《兴亚会规则》（明治十三年三月一日，259页）的改正。

文通报（第 3 篇以下称和文通报）”栏，其他只有偶尔在社论栏中可以看到，所以重视中文(作为东亚地区的共通语言——官话)的色彩比兴亚会时期更加浓烈，几乎可以说《亚细亚协会报告》成为中文杂志，责任编辑是仁礼敬之（第 4 篇，即第 4 号以下中田敬义加入)。

吾妻兵治（1853—1917）自第 7 篇开始担任编辑，使这一倾向更加明显，从第 9 篇（1883 年 10 月）开始全杂志统一使用中文，而且《例言》的体例发生变化，阐明使用中文意义的文章全部消失，这可以看作是已经把使用中文视为理所当然。从第 15 篇开始代替因病卧床的吾妻担任编辑的冈本监辅（1839—1904）也继承了此一方针。吾妻回归后与草间时福等一起编辑的第 18 篇中有一篇和文文章（作者大仓喜八郎），虽然恢复和汉双语，但同时决定中文由清朝公使馆员负责修改[6]，所以使用官话编辑会报的方针其实是加强了。但是后来，也许是协会的方针有所变化，1886 年 1 月刊行的《亚细亚协会报告》重新从第 1 篇开始标示刊号[7]，和文的分量增加。

仁礼敬之、吾妻兵治、冈本监辅极力追求通过中文达成东亚诸国的信息交流与沟通，都是“具有民权思维的热心的中日合作论者”。比如说 1882 年朝鲜兵士进行反日起义（壬午兵变）

[6] 《本会紀事》,《亜細亜協会報告》第 18 篇（1885 年 9 月），14 页。

[7] 《興亜会報告・亜細亜協会報告》中第 2 卷收录的是 1886 年刊行的重新排版的第 1、2、4、5 篇，后鳟泽彰夫发现第 3 篇补齐。这 5 篇的编辑者是恒屋盛服。

的时候，仁礼认为错在日方，批判明治维新以来对中国的蔑视和兴亚会对此的束手无策[8]（关于吾妻兵治和冈本监辅将在第六、七章详述）。

吾妻兵治的目的是通过《亚细亚协会报告》进行东亚三国的文化交汇，他还考虑作为经济基础，应该发展通商贸易、建立近代化市场，即与欧美“人众相集而成国”这点相同，亚洲诸国之间的最大隔阂在于通商的差距。此处所说的通商包含“往来”和“贸易”，若想走向富强、文化振兴必须发展通商。而目前的状况是尽管西方商人来到东方，东方商人也不去西方，这不能称为“通商”。先不说西南亚，仅说东方，中日两国间有通商条规，交易比较繁荣，但“商权”握在洋人手中，如果不“收握商权”，就不是被“外寇”打败，而是“陵夷自毙”。中日两国的商人应该“合纵”以对抗西方商人，必须建立铁路、电线、船舰、武器等各种工业和公司。

> 若日清商人，悟当今大计在于合纵起业〔吾妻加点〕，幡然去内外之见，务共同之计，或相结以起工事，或移资银以设公司，彼我往来，相视如一，进退动静，一从其便。虽时有一丧一得，要皆不出两国之外，各商专营私利，而两国之公利，不可胜数也。

[8] 黑木彬文《解説》14，12页。

他提出的与欧美对抗的联合经营很吸引人，但自由放任主义的追求“私利”可以实现“公利”的构想更引人关注。他认为参与和角逐五大洲的竞争必须如此，所以“日清当今之急务，在于合纵收商权”（吾妻加点）[9]。

在《兴亚会报告》中，提倡中日合作的同时也提到了商业发展的必要性，吾妻兵治意见之特色在于将两者结合，认为合作的基础在于往来、贸易，实现这个构想的条件在当时的东亚并不存在，但这确实是所有非西方世界所面临的问题，在中国比如郑观应的“商战”论，就是其中一个对策，但他并没有明确指出“私利”与“公利”的关系如何[10]。

上面引用的文章只提到中国，但在《朝鲜政党辨》[11]中，吾妻的视野明显也囊括了朝鲜。此文章记述了1882年的反日政变，对壬午兵变后的事态表示担忧，还说明不要使用“日本党”（开化派）和“支那党”（守旧派）这些“私称”来挑拨离间，中日两国如今都致力于开化，并没有开化和守旧之别，因此他断言“岂谓堂堂朝鲜而识不及于此乎”。

在当时如此评论“堂堂朝鲜”的政论家仅他一人。被竹内

---

[9] 编者（吾妻兵治）稿《論日清宜収握商権》，《亜細亜協会報告》第8篇，2—5页。

[10] 郑观应《商战》，《盛世危言》（夏东元编《郑观应集》上册，上海人民出版社，1882年），586页。关于郑观应，参考佐藤慎一《鄭観応について》，《東北法学》第47卷第4号，第48卷第4号，第49卷第2号。

[11] 会员吾妻兵治稿《朝鲜政党辨》，《亜細亜協会報告》第7篇，6—9页。

好评价为“空前绝后之创见”的樽井藤吉《大东合邦论》，主张日韩两国的“对等合邦”，认为在合邦构想中两国的对等性理论上不存在问题，但现实感情里仍认为朝鲜的“民度”和“国力”较低，其民俗“惰弱顽钝”[12]。当然不能为此就抹杀“对等合邦”构想的历史意义，但是在进行历史研究时，不可以忽视立足于理论的情感。

吾妻所构想的亚洲诸国之间的合作，特别值得一提是“自下而上”的合作（类似于人民的团结）。领导阶层联手进行的“亚细亚之化”，不利于“士庶”的交往；所以下层人民必须联手学习“欧美之化”，去除上下贵贱的隔阂，实现“共同之利”。若不如此，即使往来增加，也无法获得两国间的“交际之密”[13]。

吾妻兵治在亚细亚协会担任编辑时期，正值1884年朝鲜亲日派发动政变（甲申政变），引起中日两国的武力对抗，同时法国侵略越南，引发中法战争。这个时期，有福州的阴谋事件，以及上海的东洋学馆创立，正反两面的活动均非常活跃。中途事败的前者自然是阴谋，而后者的“阳谋”也有很多不明朗的

[12] 森本藤吉（樽井藤吉）《大東合邦論》，1893年刊（长陵书林，1975年，复刻本），113、137页。樽井首先在1885年用和文撰写此书，1893年再次用中文撰写。他用中文写是想让“朝鲜人支那人”也能够阅读，有些使其理解日本思维优越感的意图在里面，这与将中文看做是东亚共通语言的意识尚有差距。

[13] 会员吾妻兵治稿《論往来交通之利》，《亜細亜協会報告》第7篇，5页。

部分，无法洞悉其整体面貌。此处仅介绍东洋学馆建校相关人物的经历，来一窥当时的时代氛围。

东洋学馆（后改称兴亚学校、亚细亚学馆）于 1884 年 7 月在上海开馆，末广重恭（1849—1896，活动于《朝野新闻》等的自由民权派报人）任馆长。翌年 9 月，因逃避兵役而未能得到政府的正式认可这一主要原因，加之财政困难等因素，仅一年多即停办[14]。开馆的《趣意书》中这样说："我辈为先通晓清国政治、人情、风俗、言语等，信所谓神髓手足活动之妙，兹设一大学校养成大有为之人士，遂将挽回长江一浮千里进，挽回东洋衰运。"主要创立人员有杉田定一、平冈浩太郎、宗方小太郎、中江兆民、樽井藤吉、马场辰猪、栗原亮一等[15]。

从平冈浩太郎到中江兆民，当时只要是对华问题都实现了广泛合作。中江与中国的关系比较为人所知[16]，但就中国近代

---

[14] 鳟泽彰夫《解説 興亜会の中国語教育》，《興亜会報告・亜細亜協会報告》第 1 卷，24 页。

[15] 田中正俊《清仏戦争と日本人の中国観》，《思想》第 512 号，22 页。《田中正俊歴史論集》，汲古书院，2004 年，423—424 页。

[16] 岛田虔次著，贺跃夫译《中江兆民思想在中国的传播》，《中山大学学报论丛》（孙中山研究 9），1992 年；《中江兆民全集》，月报 2（第 1 卷），岩波书店，1983 年。狭间直树著，贺跃夫译《中国人重刊〈民约译解〉——再论中江兆民思想在中国的传播》，《中山大学学报论丛》（孙中山研究 8），1991 年；《中江兆民全集》，月报 18（别卷），岩波书店，1986 年。

[补注] 狭间直树著，袁广泉译《中江兆民〈民约译解〉的历史意义——"近代东亚文明圈"形成史：思想篇》，石川祯浩、狭间直树编《近代东亚翻译概念的发生与传播》，社会科学文献出版社，2015 年。

史来说，栗原亮一在某种意义上比他更具思想影响力，后者给予邹容的《革命军》以深刻影响。栗原是自由民权派的活动家，他将美国人恩曼的革命论融入《革命军》，在促进中国革命风潮方面发挥了无可替代的作用。栗原认为恩曼的著作中“革命论殊剀切足警醒一世”，1883 年翻译为《革命新论》刊行[17]。

甲申政变中朝鲜亲日派落败后，亚细亚协会的活动也变得较为沉寂，实际上会员数也减少了[18]。《协会规则》的改正意味着会内已经认识到组织的衰退并采取对策。如前所述，亚细亚协会一开始就“改正”了兴亚会的《规则》来使用，1891 年又进行了改正[19]。比较二者内容，将议员数从 24 名减少为 12 名，可以说是顺势而为。同时又将名称改为“评议员”，其半数经过选举，另外半数由会长任命，如实体现出组织风格的变

[17] 小野信尔译注《革命軍》，岛田虔次等编《辛亥革命の思想》，筑摩书房，1969 年第二版，68 页。栗原亮一抄译《革命新論》，1883 年，出版兼发行松井忠兵卫。引用“绪言”部分。原书为 George H. Yeaman, *The Study of Government*, Boston: Little, Brown. and Company, 1871。

[18] 古屋哲夫《アジア主義とその周辺》，古屋哲夫编《近代日本のアジア認識》，京都大学人文科学研究所，1994 年，51 页。黑木《解说》，16 页。

[19] 《明治二十四（1891）年十一月改正 亜細亜協会規則》，《興亜会報告・亜細亜協会報告》第 2 卷，274 页。《亜細亜協会報告》1883 年 11 册、1884 年 5 册、1885 年 2 册、1886 年 4 册收录于上述资料集中。另外好像还有年报刊行，1885 年 6 月 25 日刊《亜細亜協会 第二年報》中同年 5 月 30 日的年会报道，1886 年 3 月 30 日刊《亜細亜協会 第三年報》（鳟泽彰夫新发现）中同年 1 月 20 日召开的年会报道中详细记载选举情况。后者还特记第三任驻日公使徐承祖（1884—1887 年在任）入会成为“终身会员”。

化。后来直至甲午战争后变法运动高涨时期重新活跃于上海，其间亚细亚协会的活动几乎无迹可寻。

2. 亚细亚协会在中国

亚细亚协会的活动一时进入低谷，直到甲午战争后才再次活跃起来。败者对胜者并不是卧薪尝胆、寻求复仇，而是与胜者一起谋求改革富强，这在历史上非常少见。但是这个时期的中国知识分子之中，学习日本维新、进行改革的思想和精神确实日益流行，而且为实现此目标的实际行动也在展开。康有为等“公车上书”的真正目的，比起“拒和”的决战，更倾向于通过“变法”建立维新政治[20]。

如此风潮弥漫的上海和湖南，开始进行实现中日合作的具体行动，是在北京朝廷将变法提上日程的戊戌年（1898）。当时正在访欧途中、路过上海的福本诚（日南）说：“日清同盟论无论朝野或官民，当国目下大希望有之。因此际日清人士之间，怂恿组织东邦协会乃至亚细亚协会之一大协会，全体同意。”并在信中说：“幸哉，当地目下道台蔡钧是受两江总督刘坤一知遇之当世人物，铁路督办大臣盛宣怀等亦认同亚细亚协会之必要，若此当与小田切（万寿之助）领事相议，首当尽力促成，

[20] 小野川秀美《康有為の変法論》,《清末政治思想研究》，みすず书房，1969年，112页；《清末政治思想研究》第1卷，平凡社，2009年，187页。林明德、黄福庆译《晚清政治思想研究》，时报出版公司，1982年。

草案等已经作成完备。”[21]

在上海活动的中心人物有郑观应、郑孝胥、文廷式等人。郑观应（1842—1922），广东省香山县（今中山市）人，赴上海学习英语成为买办，在新式企业经营上大有作为。前述他主张“商战”，在清末具有很高的社会地位。郑孝胥（1860—1938）是福建省闽侯县（今福州市）人，曾中举人，甲午战争前任驻大阪领事。后来他出任“满洲国”国务总理一事尽人皆知。文廷式（1856—1904），江西省萍乡县人，作为“清流”的“帝党”，当时受到“革职回籍”的处分，住在上海。政变后在上海免于逮捕，加入唐才常的张园国会，支持改革运动。日本方面的中心是小田切万寿之助（1868—1934），他是米泽藩儒学者后代，是“兴亚会支那语学校”的第一期学生，当时任驻上海代理总领事（1897—1905 年在任）。

据郑观应说，小田切与诸同志前来游说组织协会[22]，但其实郑孝胥才是实际策划者。

据郑孝胥日记[23]，他在 2 月 20 日就已经对朋友说：

---

[21] 《对支回顧録》下卷，原书房，1968 年复刻本，878 页。另外《明治三十一年四月現在 東邦協会会員名簿》第 9 页有福本诚的名字。

[22] 《郑观应》，《汪康年师友书札》，上海古籍出版社，1978 年，2978 页。

[23] 中国历史博物馆编《郑孝胥日记》全 5 册，中华书局，1993 年。以下引用的日记，只列出阳历日期，均是 1898 年（收于第 2 册）。

今中国事急，我辈匹夫虽怀济世之具，势不得展，固也。有机会于此，日本方欲联中国以自壮，如令孝胥游于日本，岁资以数千金，恣使交结豪酋及国中文人，不过年余，当可倾动数万人。下能辅中原之民会，上可助朝廷之交涉。脱诸戎肆毒于华夏，则借日人之力以鼓各省之气。兴中国，强亚洲，庶几可为也。

日本方面的具体活动不得而知，但郑孝胥方面的侧重点在于对活动资金的期待。2 月 28 日，郑孝胥与陆军中佐神尾光臣一起拜访小田切万寿之助，在日记中专门写道“亦能操华语”，可以推测应该是与小田切初次见面。小田切作为亚细亚协会的会员，似乎欲将郑孝胥的请求与上海分部的建立结合起来处理。如前所述，福本诚来上海之前，中日合作的氛围已经酝酿成熟。

4 月 22 日，郑孝胥与文廷式商议，他二人加上何嗣焜与郑观应，一起去呼吁各界人士，由郑观应负责。4 月 26 日在郑宅开会[24]，含驻上海领事小田切万寿之助、三井洋行总办小宝三吉等 4 位日本人，共 20 余人参加。其中还有志钧、张謇、江标、汪康年、经元善等人的名字。《湘报》转载的报道中，附有

[24] 《兴亚大会集议记》,《湘报》第 69 号（1898 年 5 月 25 日），转自《大公报》。虽然此处显示“本月（闰三月）初二日”，但应该是“初六日（阳历 4 月 26 日）”。另见《兴亚有机》,《申报》1898 年 4 月 29 日。

亚细亚协会章程《十六条》[25]。这与明治十六年一月改正的规则大不相同，也许是中间又有所改正，也可能是面向海外支部重新改编的方案。

这个章程应该被广为散发。苏州的江瀚在闰三月十八日（公历 5 月 8 日）给汪康年的信中说道[26]："亚细亚协会初次章程已见，尚有续议，亦望赐观。颇愿入会，并拟胥及门诸子共之，捐款交何所？ 会董举何人？ 统乞示及。"由此可知章程已传到苏州，且江瀚如愿得以入会。

简要介绍会上江标的发言。江标是协助陈宝箴开展湖南新政的开明派官僚名士。他质问小田切，虽然从各地容易处着手，但"开办之初，确取协字义，宜求日东名师为我邦前导。贵领事，如志在兴亚，肯以极浅极易事为当务之急否"。他通过强调"协"字的意义表明站在对等立场上对日本的期待，这个发言以"是会连中日之欢，叙同文之雅，诚为亚洲第一盛事，兴起之转机"的高度评价结尾，显示出中国方面的期待之大。

会后，《章程》的编写继续推进，郑孝胥日记中有简单的相

---

[25] 上述报道中只有 15 条（《湘报类纂》第 813 号也是如此），应该只是单纯漏掉 1 条。佐藤宏《清国の革新的諸会》,《日本人》第 70 号（另外同《支那新論》109 页）中收录 16 条，15 条本漏掉第 11 条。《国闻报》1898 年 5 月 26 日刊载 16 条（清华大学历史系编《戊戌变法文献资料系日》，上海书店出版社，1989 年，650—660 页），《集成报》第 34 期（1898 年 5 月 15 日；中华书局，1991 年影印，1912—1914 页）也是全 16 条。

[26] 《江瀚 五》,《汪康年师友书札》第 1 册，上海古籍出版社，1986 年，263 页。

关记述。5月14日起草《亚细亚协会章程》,6月1日“郑陶斋(观应)来，议协会章程”，考虑到立场问题，应该是拜托他修订草稿和取得认同。郑观应《盛世危言后编》中收录的《亚细亚协会创办大旨》[27]，应该是以郑孝胥起草的为底稿，郑观应加以修订，这成为下述一项问题的要点。

修订时最重要的自然是日本方面的意见，所以郑观应征求了小田切的意见。小田切在6月6日来信中，希望删除协会大旨的第六条，即“本会或遇同洲失和之事，在会诸人皆应极力排解，使归亲睦”。对于小田切的要求，郑孝胥采取了“此不可去，如必去此条，吾当辞会”的回应。而郑观应则折中在后面注释“日本会员有不欲此条存者”。

小田切纠结于此条的理由不能确定，但推测应该是想在中日发生纷争时能够保持中立自由。当时正遇“沙市事件”[28]，是暴徒袭击日本领事馆的恐怖事件。这虽是小事，但如果外交官想要避免“排解”“亲睦”的任务，就无法同时兼为“兴亚家”与外交官。以前在对抗西方的大框架中“兴亚家”与外交官得以并立，如曾根俊虎主张“兴亚家”同时也可以成为外交官，

[27] 《亚细亚协会创办大旨》,《郑观应集》下册，218页。“右列十六条章程系戊戌年四月朔日（1898年5月20日）待鹤山人所拟”，可以推测郑孝胥的草稿在5月20日之前已经交给郑观应。

[28] 佐藤宏以此事件为题材论述对华方针（《支那新論》，东邦协会，1898年，231页）。

两种立场是可以共存的。当然，每个人的思想内容不同，小田切的态度意味着对抗西方大框架的动摇。

经过上述准备之后，6 月 16 日召开创立大会，但是小田切缺席，日本人中只有船津辰一郎和永井某出席。这不是因故缺席，而应该是围绕“大旨”纠纷的故意之举。根据菅野正的调查，小田切发往本部的关于上海亚细亚协会的报告，直到 7 月下旬才开始动笔[29]，不可否认其内心的踌躇。

日本方面如此，事态自然无法顺利推进，实际上上海协会也是在几乎没有任何实际成绩的情况下就因政变而销声匿迹。协会的中心人物郑观应在《章程》按语的结尾说道：“忽季夏京中有变，人心恐震，故随即解散，人多叹息。”[30]

上海的组织虽然瓦解，但日本的亚细亚协会依然存在，直至 1900 年被东亚同文会兼并，它的历史才告终结[31]。

---

[29] 菅野正《戊戌維新期の上海亜細亜協会をめぐって》,《奈良史学》第 16 号，97 页。

[30] 《亚细亚协会创办大旨》,《郑观应集》下册，220 页。

[31] 《对支回顧録》上，674 页。

[补注] 桑兵论文《“兴亚会”与戊戌庚子间的中日民间结盟》(《近代史研究》2006 年第 3 期），是以 1898 年在上海组建的亚细亚协会为中心（包括湖南的兴亚义会），从组织实况与成员活动等方面广泛且深刻地解析日本东邦协会、东亚会、同文会、东亚同文会围绕亚洲主义的复杂关系。尤为出色的是通过后来中日诸团体的活动，分析和叙述了兴亚诸会如何随戊戌变法的推进而兴盛或衰退，又是如何逐渐转变为庚子勤王的实际行动。

第四章 东邦协会

1. 创立与概要

东邦协会创立于 1891 年。从 1889 年颁布宪法到翌年成立国会，明治政府的统治基础基本稳固；与此相反，亚细亚协会的活动却正处于低谷期。如前章所述，黑木彬文和鳟泽彰夫的作品《兴亚会报告・亚细亚协会报告》未能收录其后的会报与相关文书，也是其低谷期的一种表现。然而这个时期，性质稍有不同的东邦协会的创立，又可以认为是亚洲主义潜在力量的表现。

《对支回顾录》中简单记述东邦协会创立于 1890 年，由小泽豁郎、白井新太郎、福本诚等人发起[1]。1891 年 5 月创刊的

[1] 东亚同文会编《对支回顧録》，原书房，1968 年复刻版，675 页。原版编辑及发行人是“对支功劳者传记编纂会”代表中岛真雄。

《东邦协会报告》详细记载了1890年1月至12月准备会议的情况。1891年7月7日，东邦协会召开第一次总会，宣布成立[2]。

东邦协会具有20余年的历史。它的会刊《东邦协会报告》在1894年7月第38号出版后受到禁止发行的处分，8月改称《东邦协会会报》，从第1号开始复刊，一直持续到1914年第231号[3]。停刊时并没有任何说明，具体状况不明，但它的禁止发行和停刊恰与甲午战争和第一次世界大战爆发的时间重合，绝非偶然。

发起人小泽豁郎是1884年福州事件的中心人物，此时正远离军务。副会长副岛种臣，评议员有陆实（羯南）、高桥健三、大井宪太郎、杉浦重刚、志贺重昂、三宅雄二郎、井上哲次郎

[2] 酒田正敏《近代日本における対外硬運動の研究》，东京大学出版会，1978年，65页。安冈昭男《東邦協会についての基礎的研究》，《法政大学文学部紀要》第22号，1976年。后者应该是关于东邦协会唯一的专论，笔者从中受到很多启发。只是文中62页写作1891年5月创立，应该是7月的笔误。

[3] [补注]关于当时关注东方问题的原因，广濑绫子首先肯定了中野目彻的分析（《政教社の研究》，思文阁，1993年），即①稻垣满次郎《东方策》的刊行；②清朝北洋舰队来航；③俄罗斯开始铺设西伯利亚铁路；还补充④东邦协会创立，福本诚等人看到新形势出现，自身欲接受转机（《国粋主義者の国際認識と国家構想——福本日南を中心として》，芙蓉书房，2004年，102页）。这恰恰说明了兴亚会之后约十年，通过颁布宪法、开设国会等确立明治国家体制基础时期的时代氛围，稍显异色的亚洲主义团体东邦协会就是在这样的氛围下诞生的。《东邦协会报告》改名后，附上“通篇”39号及总页数以显示其连续性，说明是外部条件压制下的改名。

等，福本诚、白井新太郎等任干事[4]。从领导层来看，该会以乾坤社、《日本》杂志相关团体为中心；从会员名单来看，除了山县系官僚及后来的国民协会系，还有板垣退助、中江兆民等自由党系，犬养毅、尾崎行雄等改进党系，伊东巳代治、小村寿太郎等官僚系，谷干城、三浦梧楼等贵族院系，中野二郎、岸田吟香等大陆浪人系，铃木力（天眼）、佃信夫（斗南）、北村三郎（川崎三郎［紫山］）等《活世界》相关人员，酒田指出其范围甚广[5]。国民协会是以西乡从道为首、1892年创立的政府拥护组织。

川崎紫山（1864—1943，后来成为参与创立黑龙会的报人）起草，陆羯南（1857—1907）润色的协会《设置趣旨》[6]非常具有价值，其开头写道：

寰宇之中，所以建国岂偶然。虽言在图人民庆福，亦以为赞世界文化。盖国家于此世界，必不负天赋之任，唯

[4] 《東邦協会報告》第3号，7—8页。翌年，副岛成为会长，直到1905年去世，终身担任此职，近卫笃麿成为副会长是1893年第3次总会上的事情（安冈昭男《東邦協会についての基礎的研究》，67页）。

[5] 酒田正敏《近代日本における対外硬運動の研究》，66页。黑龙会《東亜先覚志士記伝》上卷，原书房，1966年复刻版，423页。酒田氏所用会员名簿是《东邦协会报告》创刊号所收录，共99人。

[6] 《東亜先覚志士記伝》上卷，423页。《東邦協會設置趣旨》，《東邦協會報告》创刊号，1—6页。

幼稚治国自无感知，犹有醉生梦死类贱夫之徒。

这是从社会进化论或进步史观阐述作为国民国家之近代国家的作用，表现出明治维新后国家建设的成功以及日本进化到高级文明并得以与西洋为伍的自信。

然而，当时世界的情况是西方为谋求殖民地与贸易区，不断进逼东方。

> 当此时，以东洋先进为己任之日本帝国不可不详知近邻诸邦，张显实力于外部，以均衡泰西诸邦以保东洋计。宜引导未开之地，扶持不幸之国。若恐自身贫弱而袖手旁观，是所谓坐以待毙。

“宜引导未开之地，扶持不幸之国”的连带思想，时至今日仍是维持与西方诸国的平衡，在平衡力量政策基础上进一步“张显实力于外部”。

《趣旨》的结尾是这样的：

> 此兴东邦协会讲究东南洋事物，或违时流被嘲迂阔。然吾人目的岂在买世论称赞，求一时之快耶。小则给予移住航海事业以参稽材料，大则为域内经纶及国家王道之实践为万一之补益，若终得为东洋人种全体将来之启发，吾

人兴此协会之微衷，亦无遗憾。

如上所述，面向“东洋人种全体将来”的“国家王道之实践”，在此即为亚洲主义。而且所谓“国家”是“个人至上之团体”，各人应量力尽“臣民之公义”，所谓“国家之大道”，是“与世界文明赞天地之化育”，这是明治国家体制下国民应有的姿态，深深刻印着发展中的国家主义色彩。虽然自称东洋之先进的姿态可以拂去殖民地主义的阴霾，但必须承认陆羯南等人的立场是以他国自尊为前提的国粹主义。

这当然首先是起草者的认识，同时也反映出协会中人的主流思想。以自由民权派知识分子与东京、横滨的企业家为对象的《每日新闻》也报道：“东邦协会中保守分子占多数，亚细亚协会中进步分子占多数。”[7]

但在当时，将个人义务与国家发展相结合的主张，未必仅仅意味着国家对个人的压制，因为它也认为个人的自立对国家的发展是必要的，而且也时常在追求文明进化的同时提出对西洋价值观的批判。西乡隆盛的遗训是，因为“所谓文明，即赞普道行之言”，所以西方“如实为文明，则对未开之国执慈爱之

[7] 《辩妄》，《東邦協會報告》第3号，8页。《每日新闻》创立后的1891年7月17日。此时虽然亚细亚协会开始衰退，但仍可作比较的对象。关于《每日新闻》的性质，参考伊藤之雄《日清戦争前の中国・朝鮮認識の形成と外交論》，古屋哲夫编《近代日本のアジア認識》，京都大学人文科学研究所，1994年，138页。

本，恳切说谕，可导开明”，但反而“对未开蒙昧之国极尽残忍之事，利己即野蛮”[8]。前《趣旨》中“宜引导未开之地，扶持不幸之国”无疑正是在此话语上的延伸。当此理想可以实现之时，亚洲主义就会焕发其本来的光辉。

另外，《东邦协会报告》中日本人被批评“多解英法之语，而解清韩之语者甚少”，不必说如过去之《亚细亚协会报告》使用中文编辑，甚至连确立共通语言的主张都没有。

东邦协会发起的事业中，“主要关于东洋诸邦及南洋诸岛”，讲究“地理、商况、兵制、殖民、国交、近世史、统计”（第一条）。作为补益，“讲究国际法及欧美各国的外交政策并贸易殖民之事”（第二条），以研究东亚为主是东邦协会的特色[9]。

《东邦协会报告》被禁止发行后，以《东邦协会会报》之名复刊时发出《告示》，特地说明本会报的社论报道是“专门学术范围”，绝非“论现今政事者”。而且即使来稿是名家优作，也注重“一切涉现今政事者不予刊登”[10]。的确，东邦协会虽然是标榜“讲究”的团体，但如此忌讳“政事”，可以窥出其中发生过相关问题，而且这个问题恐怕与日本国内政治斗争相关。

---

[8] 松本健一《雲に立つ——頭山満の「場所」》，文艺春秋社，1996年，61页。西南战争中贼军将领西乡隆盛因1889年宪法颁布而获得大赦。1890年刊行载有此引文的庄内藩版《南洲翁遺訓》，1898年在上野公园揭幕其铜像（《日本》，1898年12月18日）。

[9] 《東邦協会事業順序》，《東邦協会報告》创刊号，5页。

[10] 《告示》，《東邦協会会報》第1号，卷首。

即不“论现今政事”就是不发表与政府相对抗的言论。事实上则刊登了很多关于清朝政治的文章。

如果从会员的增加来看东邦协会的发展，创立时期百余人，翌年（1892）激增至790名，1898年1200余名，1903年843名，1910年673名[11]。《东邦协会会报》第1号（1894年8月）附录的名簿中，可以确定有伊藤博文、井上馨、头山满、德富猪一郎、冈本监辅、胜海舟、曾根俊虎、矢野文雄等人的名字。新入会员的名单中，有后来成为京都大学东洋史教授的内藤虎次郎、矢野仁一。清朝会员有徐勤、杨衢云、梁启超、张果等人[12]。可以看出东邦协会是一个在政治和社会上都很有势力的团体[13]。

2. 与中国的关系

如前所述，东邦协会创始人之一福本诚（日南，1857—1921）在1898年春的访欧途中路过上海，为组织亚洲主义团体

---

[11] 随着甲午战争的爆发，事态“倾倒于人心战事，竟使本会不振”（《对支回顧録》上卷，678页），副岛会长“实行讲究之结果”来督促会员奋进（《東亜先覚志士記伝》上卷，419页），但协会整体上走出低迷是在支援清朝变法维新运动之后。

[12] 徐勤、杨衢云的名字可在《东邦协会会报》第68号附录，梁启超、张果的名字可在第91号附录中见到。张果是横滨日本邮船会社的“华经理”（李吉奎《孙中山与日本》，广东人民出版社，1996年，210页）。

[13] 安冈昭男《東邦協会についての基礎的研究》，70页、72页以后。1900年2月第8次总会时的1256人（《東邦協会会報》第66号，8页）为顶峰。

而努力，但是在上海创会的名称是亚细亚协会[14]，并没有看到创立东邦协会的痕迹。

随着甲午战争的爆发，亚洲主义团体的活动理所当然地陷入低潮。1898 年上半年，很多报纸和杂志刊载文章指责亚细亚协会和东邦协会无所作为，这应该是福本等人在此开展活动的一个重要原因，同时也出现了中国历史上未曾有过的皇帝号令变法这一局势。

值得注意的是《东邦协会会报》在戊戌变法展开前就已经刊载维新派的文章，政变发生后，康有为、梁启超等人逃亡，他们之间的关系变得更加密切，刊载的文章有梁启超的《论中国之将强》以及康有为的《第一上书》《第三上书》等[15]，在康有为文章的序言中介绍了他的简历，几乎完全正确。

当然在这背后，他们之间还有直接的接触。川崎紫山于（1898 年）2 月下旬与康有为等人举办宴会，观察他们对改革的热情及其活动的日益高涨，而且当时康有为将献给副岛伯爵的

---

[14] 1898 年 5 月 21 日在郑观应宅邸召开准备会，决定小田切万寿之助为会长，郑观应为副会长，但惧于政变发生所以马上解散（藤谷浩悦《戊戌变法と東亜会》,《史峯》第 2 号，1989 年）。从郑孝胥的日记中可以看出他也在比较积极地活动。

[15] 梁启超《論中国之将強》,《東邦協会会報》第 45 号（1898 年 4 月；原载《时务报》第 31 册，1897 年 6 月）。康有为的《第一上书》《第三上书》载于同刊第 46—48 号（1898 年 5—7 月），张之洞《劝学篇》载于同刊第 52—53 号（1898 年 11—12 月）。另外还参考同刊中刊载的关于日本人变法问题的文章。

《新学伪经考》托付给他，可以看出其关系之亲密[16]。总之，这个时期对清朝情况的关心大大超出了“讲究”的范围，已经开始了相应的具体活动。

政变后逃亡的梁启超、康有为在日本积极开展政治活动，其重要对象之一是东邦协会。10月下旬到达东京的梁启超急切开展光绪帝营救活动，10月26日，他首先给内阁总理大臣大隈重信写信，感谢日本政府保护自己逃亡，并说[17]：

> 梁启超、王照再拜上书　大隈伯爵阁下　启超等以羁旅远人，承贵政府之不弃，优加保护，庇之以使馆，送之以军舰，授餐适馆，宾至如归。在贵政府，则仗大义以周旋，在启超等，则感深情于无既。……惟胸中所怀欲陈者，请以书一一言之。

然后梁启超等人继续向东邦协会等团体发送相同内容的信件，30日发往东邦协会的信送到近卫笃麿手中，他在11月2日的日记中写道：“来状　梁启超长文意见书，与副岛伯联名，将

[16] 紫山《北京及び天津に於る清国有志士人の意嚮—日本に対する清国名士康有為氏一派の感覚》，《東邦協会会報》第45号。

[17] 《梁啓超等書ヲ大隈伯ニ致シテ清皇ノ為メ救援ヲ乞フノ件》，《日本外交文書》第31卷第1册，696页。

此书转至伯爵处，留底。”[18]

这些写给副岛和近卫的信件马上在《东邦协会会报》上公开[19]，内容概要如下：政变的原因有，一、皇帝与太后；二、新派与旧派；三、满人与汉人；四、英国与俄国，但终究归结于皇帝与太后两派的对立。戊戌变法是迟到三十年的中国的明治维新，光绪皇帝相当于孝明天皇，西太后相当于德川将军，湖南省相当于中国的长州。改革成败直接关系到中国的安危，而中国的安危又关系到“全地球和平争乱之局”，所以救助皇帝、实现改革、使中国独立，对日本来说也是良策。中国人民的改革精神不亚于明治维新时的日本，所以祈求邻邦日本施以援手。

但是信件公开在《东邦协会会报》上时，梁启超的名字写成“〇〇〇百拜上书”，梁启超以外，文中康有为以及“逆后（西太后）”的名字也被隐去，这应该是出于不直接显示逃亡者信息的政治考虑，这封信同时也发表在东亚同文会的会报《东亚时论》上[20]。有趣的是，《东亚时论》并没有隐去康梁的名字，而是删去了辱骂西太后的部分，这应该是道德优先的考虑。这既表明两本杂志编辑者的不同，也反映出组织性质的不同。

会报上集中刊载关于政变分析的报道，引人注目的是上海

---

[18] 《近衛篤麿日記》第 2 卷，鹿岛研究所出版会，1968 年，184 页。

[19] 梁启超《支那志士之憤悱》,《東邦協会会報》第 53 号。

[20] 《上副島近衛両公書》,《東亜時論》第 1 号（1898 年 12 月）。

天默生（身份不详）的文章，他在变法开始时写的《清国志士社会之苦心》[21]中这样说：

> 梁启超主笔之《时务报》见识及议论之卓拔明畅，实为黄宗羲、顾炎武以来之未曾有。《时务报》之精神、议论仅不出两年即刺激清国各地有识之士勃发“变法自强”之理想，绝非偶然。废止顾炎武所说祸毒在焚书坑儒之上的八股之上谕，为“支那文明史上一大革命”，如实施此大革新，必有如明治维新初废门阀阶级时之心理飞跃，实现当时日本社会与政治般效果。此举不仅为“支那革命”，更应为东邦全局之文化发展而庆贺。

天默生的姿态是将戊戌变法等同于明治维新，呼吁全力支持，而且将其归结为黄宗羲[22]的主张“国家改造主义即原君的主义”之兴盛，即儒学精髓的表露，并期待这种精髓能在政治上得到实现。但还要注意他明确表示自己的立场，即关于康有为指导的保国会与东邦协会的合作关系。以“讲究学术”为主的东邦协会，

---

[21] 《清国志士社会の苦心》,《東邦協会会報》第48号，虽然无署名，但根据同报第52号30页，应该是天默生的稿件。

[22] 彰显梁启超将黄宗羲比作“中国之卢梭”的，是岛田虔次文章《中国のルソー》（《思想》第435号，1960年；后收于《中国革命の先駆者たち》，筑摩书房，1965年）。

与举行国政大革新、以“保国保教保种”为目的的“一种变体的政社”保国会性质不同，所以当然不会有直接合作。

所谓“保国”，如康有为为推进变法而创立保国会，主张通过拥护光绪皇帝进行改革，使清政府得以存续，所以被顽固派攻击“保中国而不保大清”。所谓“保教”，是针对西方宗教的传入，用儒教进行对抗，以巩固人心，与后来的孔教运动[23]相连。所谓“保种”，首先意味着保存中国人种，在当时还包括对抗白人的跋扈，团结起来维持黄种人的尊严，以及确立这一基础的亚洲主义倾向。前面提到上海亚细亚协会的活动，这一时期中国方面确实在政治上主张与日本合作。

政变后天默生又发表了《汉土政变与支那分裂之原因》《支那革新改造中主义方针的两大分歧》[24]。

前者将宫廷内的势力分为守旧派、激进党和渐进党。渐进党的中坚力量是张之洞，他的《劝学篇》是反对康有为学术的代表，试图孤立激进党康有为一派。后者将康有为的主义定位于在黄宗羲和顾炎武的基础上折中了近世欧美的哲理政理，“以孔子圣教与民族主义调和应用”，与张之洞《劝学篇》正相反。

---

[23] 1898年10月12日（农历八月二十七日，即孔子诞辰）在横滨召开孔子祭典（《戊戌横滨倡祀孔子微信录》，《清议报》第12号）。这是康有为指挥的保教策的一环，首次祭祀教主孔子。近卫笃麿通过徐勤的介绍参加（《近衛篤麿日記》第2卷，156页）。

[24] 《漢土政変と支那分裂の原因》，《東邦協会会報》第51号，《支那革新改造に於る主義方針の二大分岐》同第52号。

并且指出张之洞之流多，康有为之流少，应该为支那帝国所叹息，由此可看出他在感情上无疑支持康有为等人的变法。但是中国的福祸即日本的福祸，扶持保全中国即“日本帝国为正当防卫”，所以现在日本扶持中国的道路只有“与支那志士社会相神契心交”。而且与张之洞派和康有为派均联合起来，共同“尽力于支那开发”，是“日本人士当然之任务”。天默生提出对双方都具有可能性的实际政策，从保皇运动和康梁待遇来判断，这种立场应该是东邦协会的主流思想。

面向日本政界和舆论界的皇帝救援运动不了了之，梁启超将活动的重心转向组织华侨团体与国民觉醒的启蒙运动，后来《东邦协会会报》上刊载的梁启超文章还有《论学日本文之益》《论支那独立之实力与日本东方政策》《支那近十年史论 第一章 积弱溯原论》[25]。梁启超与东邦协会的关系不仅在继续，他还如前所述成为会员[26]。

在梁启超之前入会的中国会员，比如1900年4月的会员名

[25] 哀时客（梁启超）稿《論学日本文之益》，《東邦協会会報》第58号（原载《清议报》第10册，署名“哀时客”）。清国人某《論支那独立之実力与日本東方政策》，同刊第83号（原载《清议报》第26册，署名“任公”）。梁启超《支那近十年史論 第一章 積弱遡源論》，同83、84号（原载《清议报》第77—84册，署名“新会梁启超任公”）。原本构想共16章，但只完成了第1章，所以后来单称《中国积弱溯原论》。

[26] 《本会記事 新入会员》，《东邦协会会报》第83号（1902年1月），102页。会费为“一金五元”（《会费领收广告》，同刊，104页）。

簿[27]上有18人，多半是住在横滨的华侨，其中可见“横滨市大同学校 徐勤”之名。被康有为派遣到大同学校的徐勤来日后马上于1898年夏天入会，他应该是向会长副岛种臣献上康有为所托的《康南海先生上书》《桂学问答》《明夷待访录》《长兴学记》的同时申请入会[28]。三本康有为自著中夹着黄宗羲的《明夷待访录》[29]，特别引人注目。

另外还应该关注杨衢云的名字。名簿中有“（寄住于）横滨市日本邮船会社内张果处 杨衢云”，张果是日本邮船会社的买办，1900年左右来日，推测是抵制孙文或者以日本为据点活动，但是短期停留期间为何入会，原因不明。

另一方面，孙文在日期间长期与协会有密切关系，但并没有入会，其理由也值得深思。

孙文与东邦协会的关系首先是《支那现势地图》的刊行，“著作者 孙文逸仙／发行者山中峰雄／发行所 东邦协会”，1900年7月发行，会报上也刊载了“支那革命派首领孙文逸仙编著／支那

[27] 《明治三十三年四月現在 東邦協会会員名簿》,《東邦協会会報》第68号附录。

[28] 《記事》,《東邦協会会報》第46号，145页。徐勤写给山中峰雄的书信，同刊第48号，134页。书信日期是“阴历五月七日（6月25日）”，所以可以断定是6月入会。

[29] 梁启超《清代学术概论》中梁氏等人“窃印……秘密分布”的《明夷待访录》（《饮冰室专集》，第34、62页）应该是指此。同书中虽有“节钞”等语（14页），但应该不是另作节本。

现势地图”的广告[30]。这本图册上有署名“孙文逸仙识”的文章，日期为“已亥冬节（1899年12月22日）”。在台北版《国父全集》中，题目是《识言》（北京版《孙中山全集》转载自《国父全集》）。另外《近代史资料》1983年第4期也转载了这篇文章，但都没有提及地图的发行单位是东邦协会，所以孙文与该会的关系一直没有引起注意。

《支那现势地图》刊行约一年半以后，1901年末孙文在《东邦协会会报》上发表了有名的《支那保全分割合论》[31]，这是孙文最早公开发表的政见，是为了日本代表性的亚洲主义团体的会报《东邦协会会报》所写，其意义不言而喻。

《合论》分别提出西方和东方的分割论与保全论，主要是批判日本，限定东方是因为东西立论的根据不同。据孙文所论，日本保全与分割的“两论皆各有见识”，但如果归根于“国势与民情”来考虑均属“不当”。即“据国势而论，无应保全之理由，据民情而论，无应分割之理由”，孙文斥责了保全与分割两论，主要批判保全论。他的论点是，在历代王朝的专制政治下国

[30] 《支那現勢地図》，东洋文库藏。《東邦協协会会報》第77号的卷末广告中有“支那革命派首领孙文逸仙编著支那现势地图”。

[31] 孙文逸仙稿《支那保全分割合論》,《東邦協会会報》第82号，1901年12月20日。一般均认为首刊于《江苏》第6期，1903年9月21日。关于其中详情，参考拙稿《『支那保全分割合論』をめぐる若干の問題》,《孫文と華僑》，汲古书院，1999年；中文版:《孙文与华侨》，神户孙中山纪念会，1996年；任骏译《关于孙文的〈支那保全分割合论〉》,《民国档案》第66号，2001年。

家政治与人民生活相隔绝，但清王朝的隔绝尤其严重，现在的汉人士大夫虽然明白这一问题，但为利禄所俘，丧失本性和良心，成为汉奸，与这些汉奸共同谋求中国的保全是不可能的。张之洞、刘坤一等地方大员掌控着比日本更多的土地，政治大权在握，但不能抵御列强的任何侵略，是因为民心没有归附。

孙文在外交政策层面上基本肯定了“保全策”，尽量想将其为己所用，留下了调整的余地，在此基础上展开论点。注意：提倡“支那保全”的近卫笃麿是东邦协会的首脑[32]，所以《东邦协会会报》上出现中国革命派首领孙文对保全论的批判，其意义以及孙文不同寻常的魄力，无论谁都无法否认。而且表明，将这篇文章放在卷首的日本一方，也在倾听反对意见并谋求共同的立场。高唱“支那保全论”的亚洲主义者们对不同意见虚心倾听，精神殊为可敬，如今有必要再次加以彰显。

[32] 近卫笃麿于1900年组织了高唱“保全”、主张进入中国大陆的国民同盟会。

第五章 东亚会与同文会

1. 东亚会

亚洲主义团体中最重要的组织东亚同文会，创立于甲午战争之后的1898年秋天，众所周知，它由东亚会和同文会合并而来。

甲午战争前后兴起了对华政策的讨论风潮，东亚会诞生于此氛围中。如果说兴亚会是明治维新后精神紧张的一种表现，东邦协会是立宪体制确立后政治膨胀的产物，那么东亚会显然就是甲午战争后中日两国关系进入新阶段后诞生的亚洲主义团体。

创建东邦协会的中心人物之一福本诚对东亚会的成立也起了重要作用。福本诚（日南）的旅欧送别会上，有三宅雄二郎（雪岭）、陆实（羯南）、池边吉太郎（三山）等人以及帝国大学（东京大学）、东京专门学校（早稻田大学）的数十名学生相聚，提出这个议题，于是井上雅二、香川悦次（怪庵）作为干事开始进行筹备工作。井上是早稻田的学生，香川是《日本》报人，他们与1898年春加入犬养毅团体的江藤新作一派合并而成立东亚会[1]。根据酒田的研究，使井上系与江藤系合作的中介是平冈浩太郎，总之由进步党派政治家与《日本》报社团体以及学生共同成立了东亚会[2]。平冈浩太郎（1851—1906）为玄洋社的创始人之一，是活跃于中国问题的进步党系政治家。

创立东亚会的中心人物井上雅二（1876—1947）回忆，1898年春在日本桥偕乐园，陆实、三宅雄二郎、犬养毅、平冈浩太郎、江藤新作、香川悦次、井上雅二等聚会商量以下问题：

一　发行会刊，由江藤氏负责；

二　研究时事问题，及时发表所见；

三　吸收在横滨和神户居住的中国志士入会；

四　允许辅佐光绪皇帝变法自强的梁启超、康有为入会[3]。

这是当事者的记述，却没有提及协会创立的宗旨。即使将这几条看作是宗旨，也绝不能概括协会的全部活动。到目前为止，

---

[1] 东亚同文会编《对支回顧録》下卷，原书房，1968年复刻版，875页。此书认为于明治“三十（1897）年春”成立，但福本诚前往中国是在1898年3月。

[2] 酒田正敏《近代日本における対外硬運動の研究》，东京大学出版社，1978年，110页。派遣田野橘次去康有为万木草堂的也是平冈浩太郎（上村希美雄《宮崎兄弟伝》亚洲篇上，150页）。

[3] 《興亜一路》，刀光书院，1939年，转引自前注酒田氏书。

还无法确认第一条提到的会刊《东亚细亚》是否存在。负责人江藤新作（1864—1910）是江藤新平的后人，乃进步党派的政治家。第二条不能视为政治团体的宗旨，第三条只是协会的一个重点方针，第四条有些突兀，因为戊戌变法开始于1898年6月，所以这明显是后来的整理性叙述。酒田列举史料，认为东亚会的宗旨是“密切中日两国之经济关系，巩固其基础，以期将来之发展扩张，应首设特殊教育机关与通信机关”，也认为“活动详细不明”[4]。

回忆录式文章多少会有补充遗漏之处，在这个意义上说与第一手史料相比，一般其准确性会受到影响，但通过时间轴来整理当事人的记忆，有时反而会清晰描绘出事件的原貌。上述第三、四条就是将结果性的东西写成了活动开始前的方针。事实上，井上与康梁一派的徐勤和罗普有亲密接触，他曾经让康有为的弟子、戊戌变法前就留学早稻田的罗普住在自号“梁山泊”的宿舍里[5]。另外，照顾康梁的人物中很多与东亚会相关，特别是与宪政党（1898年6月进步党与自由党合并成立）的大隈重信、犬养毅等人有联系的柏原文太郎（1869—1936）等学生团体（早大派）很引人注目。

---

[4] 《東亜先覚志士記伝》上卷，原书房，1966年复刻版，608页、111页。

[5] 浮田和民先生追怀录编纂委员会编刊《浮田和民先生追懐録》，1948年，39页。井上雅二《詩と人と境》（东亚同文会，实业之日本社，1934年，66页后附有1898年2月在“梁山泊”的照片）。

徐勤（1873—1945），字君勉，广东省三水县人，康门万木草堂“十大弟子”之一，对康有为最为忠诚，被称为“康门子路”。1897年，他在澳门参与创刊《知新报》，翌年6月之前来到日本并负责横滨大同学校的经营，他也是东邦协会会员。据说晚年被其子徐良监禁，精神错乱而死[6]。

另外，罗普（？—1939），字孝高，广东省顺德县人，也是康有为万木草堂时期的弟子，约1897年左右留学日本，是东京高等专门学校留学生第一人，他从《清议报》创刊号开始翻译并连载《佳人奇遇》，而且为后来来日的梁启超教授日语，两人一起编辑《和文汉读法》，1899年刊行[7]。

---

[6] 陈汉才编著《康门弟子述略》，广东高等教育出版社，1991年，18、24页。井上雅二于戊戌年夏天访华，以时雨生的笔名在《读卖新闻》发表文章《大陆啸傲录》，政变时期他正在北京，但于9月27日乘玄海丸前往仁川（藤谷浩悦《戊戌政变の衝撃と日本》，研文出版，2015年，390页）。所以井上当时不在北京，记述也并不是当地当时的记录。10月5日他到达长崎，回国后以《清国的大政变》为题在10月9日至12日的报纸上连载。文章非常正确地反映出维新派遭受的种种镇压，又说“总之革新为天命之所在，人为之所在，诸士可谓前途多望”（10月11日），又以“请余辈与同志共进”（10月12日）结尾，表明对中国改革的支持。

[7] 陈汉才编著《康门弟子述略》，138页。明确说虽写有梁启超译，但事实上是罗普译。

［补注］《佳人奇遇》真正的翻译者是康有仪，见吕顺长《〈佳人奇遇〉并非梁启超所译》（浙江工商大学东亚研究院《东亚研究》创刊号，近刊）。另外《和文汉读法》找到三种版本（陈力卫《梁啓超の『和文漢読法』とその「和漢異義字」について——『言海』との接点を中心に》，《漢字文化圏諸言語の近代語彙の形成——創出と共有》，关西大学东西学术研究所，2008年），这十余年间从语法、学习等方面对其所做的研究均有推进。

《和文汉读法》一书，从名字上可以想象出是解释如何应用日本式中文训读方法，这种速成法因为简单方便而流行，但并没有留下好的口碑和影响。以往热心提倡的“将官话作为共通语”的主张，此时已经式微。兴亚会创立约20年后，关于东亚语言的环境已经大变。

另外，名为《东亚细亚》的会刊应该没有刊行。1898年10月梁启超亡命日本后，首先进行的活动是向当权者和团体上书恳请营救光绪帝，也致书东亚会。《寄东亚会书》在杂志《日本人》上刊载[8]，说明当时东亚会并没有会刊。

《寄东亚会书》虽省略了日期，但应该是与寄东邦协会书相同的10月30日。当时东亚会还存在，稍后的11月2日即与同文会合并，成为东亚同文会，东亚会的会名也消失了。而且协会的实体明显如东亚同文会之名所体现的，是新组织的内部整合。但如前所述，在东亚同文会的杂志《东亚时论》上刊载的书信是写给东邦协会的[9]，而东亚同文会会长近卫笃麿是东邦协会的副会长，所以可以认为是以近卫为中心运作。但写给东亚会的信刊载于《日本人》，说明东亚会与《日本》《日本人》团体的亲密关系。换言之，他们与同文会系统之间在思想上有若干分歧。

---

[8] 梁启超《論中国政变（寄東亜会書）》，《日本人》第80号，1898年12月5日。

[9] 梁启超《上副島近衛両公書》，《東亜時論》第1号。前号，第4章《東邦協会について》。

上述四条源自井上雅二的《兴亚一路》，但关于东亚会，日本方面似乎没有留下史料，后来的《东亚同文会史》中也没有明确出典，只是引用了相同内容[10]。

关于东亚会，中国的《湘报》[11]留下了史料，即《东亚会简明章程　即兴亚义会》。《湘报》是湖南变法派发行的日报，唐才常撰《序》，谭嗣同撰《后序》。“义会”是诞生于明治时期的日语，“义”代表正义平等，当时使用频率很高，现在则几乎不再使用，小学馆《日本国语大辞典》检索不到。此语在中国也没有普及，《汉语大词典》也没有。

“兴亚义会”不仅说明了东亚会的风格，还带有四字别名的意味。最早发现这段资料并考察东亚会与戊戌变法关系的是藤谷浩悦氏[12]。章程共十条，现只提出四条。

第一条　本会定名东亚会。

第二条　本会宗旨，专以讲求振兴东亚为主，图其实行。

第四条　本会会所，设在日本东京，立董事二人，办理会事。并于支那上海，设一分会以相应。

---

[10] 东亚文化研究所编《東亜同文会史》，霞山会，1978年，30页，同样不提及第四条的突兀之处。

[11] 《湘报》的全盛期是戊戌变法百日期间，第1号（1898年3月7日）到第177号（同年10月15日）完整留存（中华书局，1965年影印本）。

[12] 藤谷浩悦《戊戌变法と東亜会》，《史峯》第2号，1989年。

第六条　本会每月发刊杂志一部，名曰东亚细亚。

此处省略入会方式、例会、会费等内容。这十条作为协会章程首尾完整，第十条之后有“明治三十一年 干事 井上雅二 香川悦次”等年月、署名[13]。藤谷的功绩在于以此为依据确定东亚会的创立时间是1898年4月。

会员中，有陆实、福本诚、神鞭知常、犬养毅、末永节、原口闻一、平山周、徐勤、罗孝高（罗普）、内田良平、头山满等相当有名望的人物32名[14]。没有江藤新作、佐藤宏、宫崎滔天等人，是因为他们在协会创立时并不是会员。井上雅二记述，江藤担任编辑，说明这之后还有职责分工。假设江藤5月入会，章程第六条提及创刊会报《东亚细亚》，此时距成立东亚同文会还有半年的时间，应该足够出版数本会刊，所以《东亚细亚》也许流产于筹划阶段。

唐才常《论兴亚义会》表明了他对东亚会的评价[15]。唐才常是湖南浏阳县人，与谭嗣同并称“浏阳二杰”。他在巡抚陈宝箴的庇护下在湖南推动变法运动，是《湘报》主编。后来协助

[13] 《东亚会简明章程　即兴亚义会》,《湘报》第65号，1898年5月20日。《湘报类纂》（台湾，大通书局，1968年影印本）收录的缺少年月、署名。

[14] 《续登东亚会会员姓名》,《湘报》第66号，1898年5月21日。错误极多，但只是字面错误，藤谷论文中有所纠正。

[15] 唐才常《论兴亚义会》,《湘报》第65号；收于《唐才常集》，中华书局，1980年。

上海《亚东时报》的编辑，1900 年筹划自立军起义，未及行动即被捕，8 月 22 日被处决[16]。

给予唐才常东亚会相关信息的是横滨大同学校校长、东亚会的第一批会员徐勤。徐勤对“日本处士，仁哉侠哉”[17]赞不绝口，认为他们“日日以亡中国为忧，中国亡则黄种瘠；黄种而瘠，日本危哉。于是上自政府，下逮草叶，群有心救世之人，创立兴亚义会，冀扶黄种保亚东，毋尽为俄、德诸雄蚀”。清末中国人对俄国的侵略警戒心很强，德国也因为前年末夺取胶州湾（以租借为名的割让）进入侵略国行列。

徐勤话中引人注意的是，高度评价湖南省是中国革命的践行者。也许因为是写给唐才常的信，所以才这么理所当然。唐氏还特地提出《日本人》杂志之名，高度评价“湖南党”“康工部门下”，甚至整个世界都认为“振支那者惟湖南，士民勃勃有生气，而可侠可仁者惟湖南”[18]。这里所谓“湖南党”，是指以开明派巡抚陈宝箴为中心组织南学会、推进改革的唐才常等人的湖南变法派。对湖南事态的关注，如《申报》评论“以日本为东方之英人、今湖南殆吾华之日本矣”中可以看出来[19]。

---

[16] 汤志钧《戊戌变法时期的学会和报刊》，台湾商务印书馆，1993 年，165 页。

[17] 徐勤写给唐才常的书信，引自《论兴亚义会》。

[18] 基础性文章之一为佐藤宏《支那朝鮮の真相を説きて同国を改造するは日本人の責なる所以を論ず》，《日本人》第 63 号，1898 年 3 月 20 日。

[19] 《读湘报》，《申报》1898 年 7 月 20 日。

唐才常认为，如果湖南不回应外国人的期待、违背兴亚精神的话，中国就会崩溃，所以提议了对策十条。第一条是南学会派人去学习兴亚会的会务；第二条是设立分会，以与东亚会的合作为出发点；第九条是通过《湘报》与日本方面的会刊相互交流。另外还有时务学堂招聘日本人教师、派遣考察人员、翻译宪法等书籍、日本商人和南洋华侨进行矿山挖掘和工场建设、派遣留学生去横滨大同学校等，均是“开放改革”政策的清末版本。只有横滨、神户华侨建设“孔子学堂”（第八条）显示出是康有为一派的方案。

这篇文章中唐才常提出古巴问题，“彼古巴之于西班牙，美人犹不忍坐视，出而图之，况吾与日本联唇齿盟，有不并力维持者哉”，可以看出唐才常的想法是门罗主义的东亚版本。但应该注意的是这个例子是来自前引《日本人》杂志中佐藤宏的文章。

佐藤在文章中说，“诸君，夫不见古巴独立之举[20]，美国志士仁人悯其孤弱……甚脱其国籍投身革命，为彼等尽犬马之劳。东方樱花国度之人民，公等可逊色乎”，即激励日本志士学作美国独立中的拉法埃脱，希腊独立中的拜伦。

唐才常完成文章后离开湖南来日，与犬养毅、宫崎滔天等会面，翌年（1899）在《亚东时报》上发表7篇文章。《亚东时

[20] 美西战争开始于美国向西班牙宣战的1898年4月19日，1896年的总统选举中承诺古巴独立的马金利当选，情势趋于紧张。1898年2月开战无法避免，佐藤的文章正是在这种时代背景下写成的。

报》是日本人在上海的团体乙未会于1898年6月创办的月刊（后为半月刊），最初山根虎之助（1861—1911，号立庵）负责编辑，从第6号开始（1899年2月）由唐才常担任主编[21]。

从亚洲主义视角来看，《日人实心保华论》[22]是非常值得注意的文章，力证日本人的“保植支那”与欧美不同。“保植支那”首先要培养人才，而且必须灌输“西国文明之政学”。英国虽然在香港设立大学堂，但只是培养商业人才，并不教授“安上全下、交邻治民之具”的“政事、律令、伦理、格致（科学）”等根本性学问。与此不同，日本志士会全力教授“政治学、经济学、哲学、社会学”。“斯乃天所以成将来二国合邦之局，而杜欧势东渐之一大关楔也。”去年变法中皇帝欲创立大小学堂，但总税务司赫德向总理衙门上书阻止。日本人已经将百里道路走了“八九十里”，中国人在途中与之共同利益颇多。日本人为华人创立学制，与英美人相比其诚与伪、实与虚之别可见。

这是几乎无条件的信任，而且构想超越合作、达到了“合邦”的程度，其中或者有樽井藤吉《大东合邦论》的影响，但目前尚无法确定。

西方高唱公法（国际法），东方应之以“野蛮”政策，中国正面临灭亡。以这种情势为背景，依靠日本摸索前进的道路，

[21] 陈善伟《唐才常年谱长编》上下，香港中文大学出版社，1990年，572、554页。

[22] 唐才常《日人实心保华论》，《亚东时报》第17号，1899年11月。

而且东亚会无疑是可以起推动作用的一个组织。实际上，政变发生后，9月30日江藤新作、池边吉太郎、陆实、三宅雄二郎等人集会，决定向大限重信首相进言，欲实施对康广仁、梁启超等人的营救，他们还写成对清朝政变的《建言书》，10月3日在《日本》发表[23]。另外，在日本开华侨教育滥觞的横滨大同学校校长徐勤与名誉校长犬养毅同为东亚会会员。

唐才常表现出来的依靠日本的天真烂漫之心，与后来的历史发展相对照，实在是不可思议。从甲午战争到义和团这段时期，是仅有的两国共有幸福幻想的时刻。

2. 关于同文会

同文会比东亚会稍晚，1898年6月北京朝廷开始维新变法时创立。根据酒田氏的研究，这是荒尾精门下的“大陆浪人”与近卫笃麿及其经营的精神社一派合作的组织[24]，主旨如下：

> 时局变迁使研究日清问题之事日益增多，而憾无应其必要之机关。是吾人创立同文会，为研究实地问题，以应

[23] 《清国政変にたいする東亜会の建言書》，《日本》1898年10月3日。此建言书以“東亜会総代　安藤俊明、村井啓太郎、佐藤宏”之名发表，日期为10月6日，推测可能是10月2日的笔误。

[24] 酒田正敏《近代日本における対外硬運動の研究》，东京大学出版社，1978年，114页。

此必要。本会立于政党之外，专为疏通彼我人士之情义，以达助成商工业发达之目的[25]。

主旨的重点在于“疏通彼我人士之情义”并助力“商工业发达”。特意表明“立于政党之外”，是想表现其通过拥立近卫而意在谋求政党权利之外的活动空间这一特质。

近卫笃麿开始担任这方面的工作，一说是犬养毅考虑起用政派关系薄弱的公家[26]。当然有这样的外部力量起作用，但从德国留学归来的近卫对人种问题有兴趣，发表《同人种同盟　附支那问题研究之必要》[27]，引起舆论界的瞩目。从其“东洋前途，终难免人种竞争之舞台……最后命运在于黄白两人种之竞争，此竞争之下支那人与日本人共为白人种仇敌之地位”的见解中，可以看出与“黄祸论”盛行之时相似，中日合作以对抗欧美的意识浓厚。

以近卫为中心准备组织工作的有岸田吟香、宗方小太郎、井手三郎、中西正树、中野二郎、高桥谦、田锅安之助、山内嵒、中岛真雄、白岩龙平等，均是在中国从事医药、报纸、汽

[25]　《主旨》,《時論》第7号，1898年6月25日（酒田正敏前书，118页引用）。

[26]　木堂先生传记刊行会编《犬養木堂伝》，原书房，1968年复刻本，715页。

[27]　近卫笃麿《同人種同盟　附支那問題の研究の必要》,《太陽》第4卷第1号，1898年1月。

船等事业的人物[28]。

说服近卫笃麿的是中西正树、井手三郎和白岩龙平、大内畅三（近卫秘书），近卫6月14日命他们起草规约书。近卫家文书中附注“明治三十一年”，白岩龙平手书《同文会设立趣旨书》[29]应该是此时起草文书的一部分。

《趣旨书》对会名做出解释，然后将该会的性质极为简单地定性为对支那问题之研究、实行、调查。本会事业即“在上海设立同文会馆，以图两国有志合作之事”等七项。这些均在《时论》上刊载为《同文会纲目》五条：

一　本会称同文会，会馆设于赤坂溜池町六番地。

二　本会研究支那问题，同时从事各种调查，帮助各种事业。

三　本会在上海设立同文馆，教导中日两国有志人士。

四　本会在东京发行《时论》，在支那发行《亚东时报》，以两报为通讯机关。

五　本会在上海设立同文学堂为两国人之教育机关。[30]

可以看出会则很规整。文中出现的机构和媒体，除了《时论》是在东京刊行的杂志以外，同文会馆、《亚东时报》、同文学堂均是

[28]　《東亜同文会史》，霞山会，1988年，30页。

[29]　《近衛篤麿日記》附属文书，鹿岛研究所出版会，1969年，401页。

[30]　《同文会綱目》，《時論》第7号（酒田前书，118页引用）。

在上海运作。这些就是酒田氏所说的“乙未会相关事业”。

上述《趣旨书》中引人关注的是作为“既设的事业”，首先“学堂在上海有日清英语学堂，东京有善邻书院”，还特别提到中文报纸、实业、《亚东时报》等，以及“现在清地之同志者”，自“汉报馆 宗方小太郎”以下，一览表中有“从事民间事业”者 28 人[31]。关于《亚东时报》，是“本月开始于上海发行中日双语的周刊杂志”，该报创刊于 1898 年 6 月，白岩龙平的《趣旨书》虽然也完成于 6 月，但与此刊物并不相同，因为它并不是周刊而是月刊，或许时间应该更早一些。但《亚东时报》确实是经营大东汽船的白岩龙平等人出资、山根虎之助主笔、以乙未会名义出版的报纸[32]。乙未会是以白岩龙平、宗方小太郎等为中心的组织，山田良政、川岛浪速等人也是成员，是上海同文会的基础[33]。

---

[31] 报人除了宗方以外，还有《亚东时报》的山根虎之助，《闽报》的井手三郎（素行），但成员大多数还是教师和洋行职员。其中成田康辉著《西藏探険中》，小越平陆著《吉林探険中》。

[32] 《亚东时报》创刊于 1898 年 6 月 25 日（月刊）。资金来自白岩龙平，参考中下正治《新聞に見る日中関係史——中国の日本人経営紙》，研文出版，1996 年，资料编，5 页。

[33] 中村义《白岩龍平日記》，研文出版，1999 年，144 页。

[补注]乙未会是“明治二十八（1895）年乙未一月”，宗方小太郎、白岩龙平等为在清朝活动之便，认为“组成团体通联络厚亲交，有备通信往复机关之必要”，所以在战后欲“改组织以巩固团结，进行敏活运动”，发表《乙未会主旨》书而创立的。根据其“主旨”与“规则”，此会是以甲午战争中作为翻译参战的在华人士为中心创设的（大里浩秋《宗方小太郎日記，明治 30—31 年》，《[神奈川大学]人文学研究所報》第 44 号，2010 年）。

同文会以在中国大陆的活动为基础，相关人员也主要在大陆活动，向日本内地方面呼吁合作。

在这一点上，它与上述诸组织呈现逆向的活动面相，仅此就可以看出在华日本人力量的积蓄。这也是亚洲主义运行的“场所”正在发生根本性变化的重要前兆。

第六章
善邻协会——关于冈本监辅

甲午战争后，清朝知识分子认为应该以日本为媒介吸收西方文明，他们在上海和湖南等地与亚细亚协会、东亚会合作，第三章和第五章已有叙述。在世界之窗——上海，或站在时代前沿、率先提出改革的湖南尤为突出，甚至已经建立了支部。总的来说，以日本为媒介吸收西方近代文明的风潮已经波及全中国。

1899 年秋内藤湖南到了中国，当时他已经确立了其知名报人的声望[1]，与天津著名开明派文人陈锦涛、蒋国亮会谈。陈

[1] Josua A. Fogel 著，井上裕正译《内藤湖南　ポリティックスとシノロジー》，平凡社，1989 年，103 页。

锦涛（1870—1939），广东南海县人，天津北洋大学堂教习，后留学美国，任南京临时政府财政总长。蒋国亮（1866—?），浙江诸暨县人，当时任天津育才馆教习，后经历不详，他当时曾说[2]：

将贵国书籍翻作中文，此大有益之事，既以其开支那之文明，而贵国又得其利。近日之万国史记如支那通史，中国人购此书者甚多，惜此类书译出者甚少，故弟甚愿贵国人多译东文书，贵国维新之史及学堂善本犹为益，君以为然否。

对此内藤湖南回答：

现设善邻译书馆，吾妻某氏、冈本监辅翁等方从事翻译，闻贵国李（盛铎）星使亦颇赞此事，（中略）万国史记，即冈本翁著，支那通史即那珂通世著，二君吾皆识之。

“吾妻某氏”乃吾妻兵治，他与冈本监辅是编辑《亚细亚协会报告》时期的旧相识。二人协力创建了面向中国人刊行翻译书籍

[2] 《燕山楚水》，《内藤湖南全集》第二卷，筑摩书房，1967年，60页。关于蒋的教习，参考同书30页。

的善邻译书馆。那珂通世（1851—1908）是日本东洋史学的创始人之一，其《支那通史》(1888—1890年刊，中文）是世界上最早的近代性质的中国通史(截至宋代)。同书的“翻译(训读文)”版冠上和田清的名字后收入岩波文库，所以比较广为人知。桑原骘藏的《中等东洋史》刊行于稍后的1898年。关于《万国史记》容后述。

善邻译书馆于1899年年末实际发行了四部书籍，下一章会详述。其表述创立主旨的文章《善邻译书馆条议引》[3]，于翌年春天以吾妻个人之名发表在上海《亚东时报》上。为何不见冈本之名，原因不详，内藤离开日本后的1899年下半年必定发生了导致二人分道扬镳的事情。

以吾妻之名发表的《条议引》，虽然修辞上有若干区别，但基本内容与《清议报》第2号刊载的日期为“明治三十一（1898）年十一月”的《善邻协会主旨》[4]相同，而且后者的内容正是冈本用心反复推敲而成——后面会详述该文章中他推敲修改的痕迹。冈本监辅(号韦庵)的文书寄存在德岛县立图书馆，编入《冈本韦庵先生藏书及原稿目录》(下略称《韦庵先生目录》)。

虽然内藤湖南与冈本监辅的年龄相差近三十岁，但冈本的

[3] 吾妻兵治《善邻译书馆条议引》,《亚东时报》第21号，1900年4月28日。

[4] 佚名《善邻协会主旨》,《清议报》第2号，1899年1月2日。

"墓表"[5]由内藤所写，可见二人关系。而且冈本的子孙将"相当大量"的著作原稿交付内藤[6]，在冈本去世后仍保持深厚关系。内藤撰写的"墓表"刻于战后1974年再建的"冈本韦庵先生铜像"台座之上[7]。

鉴于二人的亲密关系，可以判断内藤在天津说的信息应该是准确的。内藤乘坐仙台丸离开神户是1899年9月5日的事情，即在他离开日本之前，冈本和吾妻共同致力于创立善邻译书馆的计划已经开始实施。也就是说，冈本构想的善邻协会在1899年上半年改为善邻译书馆，当年秋冬他又因为某种原因从此项计划中退出。

冈本监辅(1839—1904)，德岛县人，在《东亚先觉志士记传》《续对支回顾录》中均有传记[8]。前者的人名项目下注有活动领

---

[5] 《岡本韋庵先生墓表 大正元(1912)年十一月》(中文),《内藤湖南全集》第14卷，237页。1897年内藤任《台湾日报》记者时，曾将在台湾任职的冈本的诗作发表在《台湾日报》上(《韋庵岡本翁の詩》,《内藤湖南全集》第2卷，445页)。

[6] 《岡本韋庵先生の著書目録》,《岡本氏自伝　窮北日誌》，德岛县教育委员会，1964年(非卖品)，315页。

[7] 《岡本氏自伝　窮北日誌》卷首照片。

[8] 葛生能久《東亜先覚志士記伝》下册，黑龙会出版部，1936年，原书房1966年复刻版，184页。东亚同文会编《読対支回顧録》下卷，大日本教化图书株式会社，1941年，原书房1973年复刻版，124页。

[补注]冈本监辅逝世一百周年之际，阿波学会成立"冈本韦庵调查研究委员会"(小林胜美任委员长)，2004年刊行《阿波学会五十周年記念　アジアへのまなざし岡本韋庵》。该书包括有马卓也氏等人的著作介绍、传记解说以及相关资料等，对理解冈本此人非常有帮助。以下言及该书时不再限于补注。

域，冈本名下是“对露、桦太探险”，两书传记均以此为中心来记录其生平。内藤湖南的“墓表”也是如此，所以可以说冈本是“桦太探险家”。这使人想起幕末以后，因俄国的南下政策使北方问题尤其引人关注。

内藤撰写的“墓表”是冈本去世 8 年后、开始彰显冈本功绩的 1912 年完成的。原文为 180 字左右的短文，大意如下：

> 冈本韦庵先生……一生以筹北边为志，弱冠驾夷艇，穷探桦太北徼前人未踏之地。王政维新，征用综办北事，既廷议弃桦太，先生竟绝意用世，累任教职。年五十余，复辞职欲拓千岛，跋涉荒裔，不得意而归。既老穷且病，会王师伐露，先生欣然忘疾之在躯。斯役也，复桦太之南半，而先生不及睹矣，迄疾笃。……平生著述等身，往往传诵海外云云。

“墓表”只能写最重要的事情，没有出现善邻协会或善邻译书馆，说明冈本死后这些事迹并没有引起世人的关注。这种忘却现象，在网罗全部人生经历的传记或年谱（如金泽治氏《家系与年谱》等）中也不能幸免[9]。

[9] 金泽治《岡本韋庵先生の家系と年譜》，收录于《岡本氏自伝　窮北日誌》315 页以后。另有同年刊行的单行本，以下略称“金泽作《年谱》”。

在冈本监辅的前半生，17 岁时开始关注桦太问题[10]，此后如着魔般为其奔走努力，内藤的“墓表”做了真实描写。

冈本 30 岁时（明治元年农历四月），被明治政府任命为函馆裁判所的“权判事”。维新初期，为了北海道以及桦太开发，中央政府设置了直辖的函馆县，“裁判所”为地方政府，“权判事”是副判事，相当于今天的县副知事。当时看来，这是他十数年辛苦的回报。但被俄国压制后政府被迫让步，使冈本的理想落空，35 岁时连“开拓使职员”都被免。后转而在各处担任教职。

也许当时大多数知识分子都如此，冈本也过着捉襟见肘的生活。仅看其年谱，为了弥补薪水不足，他出版著作和杂志，经营私塾，凡力所能及的工作都积极去做。但即使如此，仍免不了负债生活。

冈本 51 岁（1889）时，从他写给同乡好友三宅舞村（元达）[11]的信中可了解到，十多年前他为了偿还债务曾将宅地以三千一百元的价格卖给山县有朋，而且似乎并没有因为这笔收入而宽裕一些。翌年（1879）刊行《万国史记》二十卷时，因为没有资金，向曾我、宇津木二人借款，利息三分。同书卷首

[10] 金泽作《年谱》，290 页。这与战前的两部传记之间有些许差异，本书以金泽氏的记述为准。

[11] 《三宅舞村宛書簡》，明治二十二年十一月二十八日，金泽作《年谱》，303—307 页。

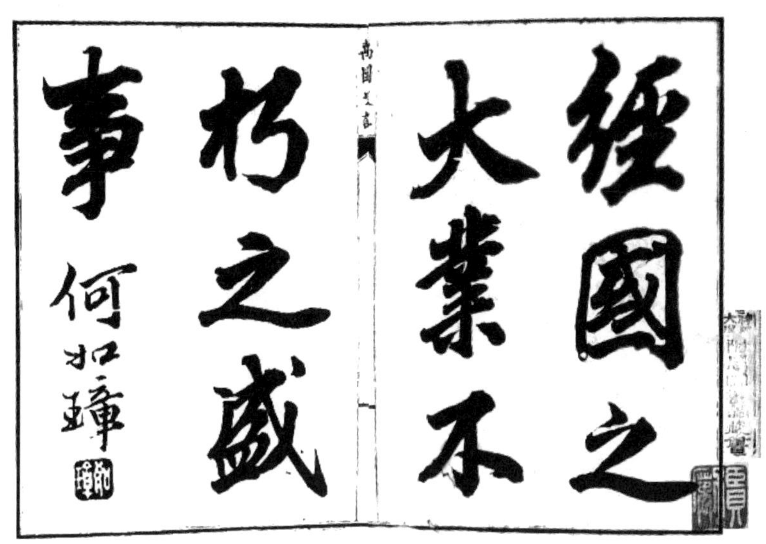

何如璋题词

有何如璋的题词，有副岛种臣、重野安绎、中村正直、冈千仞的序言，卷末有鸟尾小弥太、川田刚、岛田重礼的跋，堪称大著。此书由东京“内外兵事新闻局”发行，“明治十二（1879）年”出版，“定价金二元六十钱”（约合今天的3万日元左右）。后来冈本又执笔发行《万国通典》[12]，从书名可以看出，两书是将其汉学的深厚修养与西方制度介绍相结合。

前引内藤与蒋氏会谈中特别提到《万国史记》，此书是三宅

[12] 冈本监辅著，三宅宪章校《万国通典》，集义馆，1884年。这是由冈松瓮谷、中村敬宇等大家作序的中文著述，在清朝中国非常受欢迎。

舞村之弟三宅宪章将法文书译成日文后再进行的中译[13]，在中国尤其受欢迎，其销售量推测约30万册。笔者看到的原著是后来的石印小本（上海读有用书斋，1895年刊；上海慎记书庄，1897年刊；均没有何如璋的题词），不知其价格。但是如果有版税的话，冈本的后半生应该大不相同[14]。

负债累累的冈本于1892年成立了千岛义会，以北方问题为主题，旨在实现公义。但是这个计划因为他持有的船舶沉没，且千岛开拓请愿被众议院否决而失败，他暂时隐退千叶县。后来先后就任德岛县寻常中学校长、台湾总督府国语学校教授、东京中正义塾等校教员，在任时间均为一年左右，1898年11月任私立神田中学校长。

1898年11月，冈本发表面向中国和朝鲜的《善邻协会主旨》。《韦庵先生目录》中关于善邻协会的文书一律没有写年月日，无疑这个时期是下限。而且可以推测出冈本将注意力转向此事是在千岛义会计划失败之后。即甲午战争期间，他的活动

[13] 《万国史记》是法文书的再译本，金泽作《年谱》，301页。

[14] 所谓“三十万部”也许有些夸大，但可说明其流行程度。前引内藤言论的中略部分有说“只是敝邦人刻苦翻译之书，沪上书肆动辄翻刻出售，则邦人精力徒为射利之徒所获”，诉说因为清朝没有版权法，盗版横行，而且没有坚实的出版合作关系，所以希望严格取缔。玄采《万国史记》（韩国学资料总数No.9，《万国史记》，韩国精神文化研究院，1996年）是在冈本监辅《万国史记》基础上使用各种文献编辑而成（受教于中砂明德氏）。

重心从北方冒险家转移至以中国大陆为对象的文化活动[15]。

如前所述，文书上没有年月记载，所以很难严密确定冈本监辅构想的展开路径。但可以推测，首先是从千岛义会转变方向和内容，开始构想善邻义会，并逐步转向善邻协会。这样一来前后关系就很明确了，这个构想最早的出发点是“东洋开国商社”。这让我们想到前述《亚细亚协会报告》中吾妻兵治的意见（详见本书65—66页）。

冈本监辅起草的《东洋开国商社社则》[16]共六条。第一条是名称。第二条是“本社 支社”等组织。接着第三条“本社为繁荣我国商品售卖，于清国及朝鲜国诸开港场中开日本街市，以零售为目的”，明确表达出商社的目的。第四条规定了股份分配。第五条说明无论是资金、物品或劳力均可加入。第六条说对创业功劳人员“社中商讨后可给与相当股份”等。

如果一定要说其中的史学特征，也只能推测使用“东洋开国”这个名字是想宣传自身系与文明进步相结合的商业活动之意义。

但是这个方案马上转变为“善邻义会”。上述社则的修正案

---

[15] 冈本监辅先是刊行了中文与和文并用的《东洋新报》(1877—1878)，还担任全部中文的《亚细亚协会报告》的编辑(1884—1885)，金泽作《年谱》，301页。但是善邻协会是构想创立一个组织，层次完全不同。

[16] 《東洋開国商社々則》，本书附录A8页，中译稿见A110页。标点由狭间注，下同。

可能直接成为《善邻义会规则》[17]，第一条如下：

> 本会大旨在于，以支那为首广开与邻国之交通，共循守道义，创造文明，大兴物品交易，增进国益。

同时提出道义的循守、文明的创造、物品的交易、国益的增进。以下诸条与前面“社则”基本上是同样性质的内容，所以改“义会”名义为“商社”经营。

但是，冈本监辅最终还是起草了与上述《善邻义会规则》完全不同、完全不涉及贩卖物品或分配股份等的《善邻义会五规》[18]。《善邻义会四规》[19]的草稿也保留下来，它明显处于《（东洋开国商社社则）善邻义会规则》与《善邻义会五规》的中间位置。

《善邻义会五规》第一条如下：

> 吾党结社之意，在合我同文诸国人。有志于斯民者，与讲天人之道，博修五洲之学，无内无外，一体平交，不存固我，相规相奖，以长智德，以图公益，以固唇齿相保之势，

[17] 《善隣義会規則》，附录 A8 页，中译稿见 A111 页。

[18] 《善隣義会五規》，附录 A10 页，整理稿见 A77 页。

[19] 《善隣義会四規》，附录 A13 页，整理稿见 A76 页。

以尽同舟共济之义。盖欲俾同文诸国人民，均跻开化之域，以永保天禄于亚细亚洲内，不得不从事于此。

这明显是亚洲主义的“吾党结社”。帮助后进的“同文”诸国人民进入“开化”之领域，让人联想到东邦协会的《设置趣旨》，而冈本正是该会会员[20]。

第二条中，会员“捐多少金”以作“行善之资”，其使用方法是根据“社员投票”设立“学校”“圣庙”，刊行“日报”“诸书”，还有用于“公益”事业等。第三条主张在孔子教诲中加入老子、释迦，应该从对等的立场上帮助后进国“开化”。第四条是召开会议的方法。第五条是会内人员的配置。

应该说这是经过提炼后的构想。而且征求了当时的名儒中洲三岛毅（1831—1919）与成斋重野安绎（1827—1910）的意见，在得到广泛赞同的基础上组织了这个协会。

被征求意见的三岛毅用红笔写下关于修辞的意见二条与构想内容二条。还在前引第一条“唇齿相保……同舟共济……”等几处画旁点、圈点，确实赞成冈本起草方案的主旨。

另一方面，重野安绎在冈本送来的草稿上提出修辞意见一条以外，还写了下述总评：

[20] 《東邦協会会員姓名（明治二十七年八月）》,《東邦協会会報》第1号，1894年（明治二十七年）8月。1900年4月的名单上没有冈本的名字，他何时退会不详。

善邻义会，洵为盛举。使彼此人士果行之，东洋全局之幸福也。但事极远大，不能骤举行。然人能存此远志，蓄此伟略，虽其事未行，亦为有益乎国家矣。安绎妄评

虽然指出实行的困难，但还是全面肯定了其“远志”“伟略”的“盛举”。重野的意见是以黑笔书写，与三岛的评语在同一文章内（三岛也谦称“中洲三岛毅妄言”[21]）。

冈本终于提出用“善邻协会”代替“善邻义会”，无法确定重野的意见在其中发挥了怎样的影响。冈本另外还构想了“善邻学会”[22]，这是一个新式教育机关，基于“孔孟教理”将“至诚无息之道”作为伦理修身的“大基础”，融入泰西“理学、数学、体操”欲收实效，即将传统伦理嫁接至近代科学。冈本几乎将全部人生都用在私塾教育上[23]，但遗憾的是没有像三岛的二松学舍那样传承下来。

关于善邻协会的主旨，从遗留下来的草稿中可以窥见冈本是如何反复推敲的。草稿有十种，每种都有订正（其中现存首

---

[21] 《善隣義会五規》，附录 A15 页，整理稿见 A78 页。关于冈本与中洲三岛毅的关系，参考拙稿《善隣訳書館と岡本韋庵》(二松学社大学 21 世纪 CEO 计划《三島中洲研究》第 1 册，2006 年)。

[22] 《善隣學會規約書》，附录 A55 页，整理稿见 A99 页。

[23] 笔者最感兴趣的是其欲在故乡创立“三冈学会”(《韋庵先生目録：265 番》内文书)。其第一要旨是为了“开化野蛮进入文明领域”，着眼于推进青少年教育中社会基础环境的建立，“使村中老成诸人”明白教育的重要性。

尾完整的有四种)。当然这十种草稿的差异仅止于修辞，基本上是同一性质的文章。

《善邻协会主旨》[24]的开头这样写道：

> 日清韩与我鼎峙东方，利害相关，有类唇齿辅车。三国一心协和，当平世文献往来相资，有事竭力相扶持也。虽有强暴者，恶得逞其毒噬焉。

这无疑是在阐明以东亚三国为中心的亚洲主义立场。

那么，善邻协会的主旨与之前的善邻义会有什么不同？第一，协会主旨肯定了明治维新三十余年的成果：

> 及今上登极之初，远览宇内气运进化之状，网罗泰西各国之百科学艺，取长补短，无所不至。锐意革新，励精图治，于兹三十有余年，幸获与欧米列强比肩骈辔。而清韩两国，积衰不振，与我国中古一揆。加之以有外患，殆有四分五裂之势，何人能为之者。

如上所述，这段话明确说明西方与日本、日本与中朝两国文明

[24] 《善隣協会主旨》，附录 A24 页，整理稿见 A89 页。根据当时最完整的系列资料，但开头的“日”属于修正错误，当予以删除。

史的关系，并表露出欲将明治日本的文明传播至中朝两国的意图。此处所说的“三十有余年”[25]，与前述《清议报》所载综合考虑，可以推测这篇草稿写于明治三十一（1898）年。

第二，在周孔教育的基础上阐述适应当今时代的必要性。

> 周孔训典，终古炳焉，如日月丽乎天，而其政术与时变化者，固不可易已。两国学者，拘泥末节，昏乎为政，生乎今之世，反古之道。宜乎其致衰绌日甚也。苟欲匡救之，非据今世说以长其知见，不可。

这与《善邻义会五规》中的“孔子之道即天地之道”、是“至极宇宙第一之训典”相比，几乎可以说是标志性立场转变的证明，核心向西洋近代文明靠近。

第三，认为日本的成功来自对西方文明的摄取，对中朝两国来说，对其文明的接受是紧要大事。

> 于是有志士奋然决起者，前后接踵相望。于新报于教育于政论于通商，订盟立约，以为两国虑，安可已也。此等事业，固为赴时急务，而又有一种尤急者焉。

[25] “三十有余年”之语，主旨草稿中最初的“第一稿”中已有使用。

而且明确提出由日本的有志者进行有用之书的翻译事业。

> 而其法莫如检我国暨泰西典籍有用者，逐次译述以授之。彼既通各国今日之情，则旧染污俗，自然冰消，而富强文明之功，可翘足而竢。其所以裨益我国风教者，果何如哉。吾党欲当译述之，以洽同文之庆，是所以有本会之设也。

这里提出日本对中朝两国的帮助后，还说两国的富强文明对日本的风教也有裨益。应该注意此发言始终是站在平等互惠的立场上。

翻译并提供有用之书的意义既然已经明确，那当然就必须注意翻译时术语的选择、译文的精简等。为此冈本考虑《译述方法》[26]，其中一条列举出各项注意，意在严格选择翻译对象，以避免日本曾经历过的失败。

> 自西学盛行乎我国，于今三十年。其间译述极多，往往紊乱芜杂，动辄先高深后卑浅，甚至不问我国体。而先译革命等书，其流毒国内，亦不浅鲜矣。本会译书，誓就有道先

[26] 《訳述方法（乙稿）》，附录 A32 页，整理稿见 A95 页。此处引用的《译述方法》作为独立文书体现在目录中，原本是在 [资料五] 中与《善隣協会主旨》一起。

生，不许轻俊才子容易评骘。鉴乎三十年得失，以要撰择精当，秩然有条不紊，使清韩臣民，无踏我之覆辙。

冈本眼中的失败经验，本来是“讲共和革命等书”[27]，应该是考虑到很难否定共和，所以删除“共和”之语，写成“革命等书”。

经过反复推敲的《善邻协会主旨》，如前所述在《清议报》上刊载，日期是“明治三十一年十一月”，由“主旨”本文、“附言”与“著译凡例”构成。这虽然与上面引用的最终版本有所出入，但仅限于修辞上的差异，亦即最重要的“主旨”的整体理论结构没有变，《清议报》刊载的佚名《善邻协会主旨》无疑是冈本监辅起草的。而且在内藤湖南访华以前，冈本、吾妻二人应该已经将开设善邻译书馆的计划纳入正轨；但如下章所述，1899 年实际刊行书籍时冈本已从书馆中退出，而他却没有停止在清朝中国贩卖书籍[28]，他将自著交由上海商务印书馆代

---

[27] 《訳述方法（甲稿）》，附录 A30 页，整理稿见 A93 页。

[28] 《続对支回顧録》中，说明 1901 年冈本访华时曾著《大日本中興先覚志》《鉄鞭》《西学探源》《孝経頌義》等（下卷，129 页）。

[补注]有马卓也阐明后三本书是 1901 年 6 月上海商务印书馆代印本，根据《清国游记》具体叙述了其过程（《アジアへのまなざし岡本韋庵》，33—39 页）。比如《西学探源》封面上大书“光绪二十七年四月 上海商务印书馆代印”，是冈本在 1901 年 4 月 21 日向商务印书馆提交原稿，5 月 28 日“告成”，其实在 27 日已经拿到 300 部，6 月 1 日拿到 700 部。其中拜托出版社送给上海总领事 50 部，白岩龙平等人各 50 部。关于《铁鞭》，送给《中外日报》150 部。（转下页）

印并销售。

修辞上的差异，如上述《译述方法》中从“动辄……”到“亦不浅鲜矣”一段被全部删除。结果是“革命等书”的“流毒”云云都消失了，这与冈本的思想变化似乎应该有某种联系。也许比冈本更具有自由主义思想的吾妻认为，作为“启其知见”的“近世之新说”，是不能将流毒国内的“革命等书”从批判对象中剔除的，这是笔者的推断。

戊戌变法后亡命日本的梁启超留意日本方面支援改革派的动向，并在《清议报》上做了介绍。同报第 2 号还刊载有“日清协和会”这一组织的《旨趣》和《章程》。末尾列举的干事五人中有山本宪的名字，可以让我们多少了解该会的内容[29]。

山本宪（1852—1928），号梅崖，《东亚先觉志士记传》中有传，也刊有年谱[30]。本书无法详论，但山本与改革派的汪康年

（续上页）商务印书馆似乎只是“代印”，《清国向の書籍出版概况及東亜公司設立情况》（《图书月报》第三卷第五号，1905 年 2 月；ゆまに书房，1985 年影印本）中“上海商务印书馆”条目里 150 余种书目中并没有该书。林启介《樺太・千島に夢をかける　岡本韋庵の生涯》（新人物往来社，2001 年）认为《幼学读本标准》等书也是委托商务印书馆印刷的。

[29] 其他四人泉由次郎、鹿岛信成、山田俊卿、牧山震太郎情况不详。

[30] 《東亜先覚志士記伝》项目下的“活动领域”称他参与了 1885 年谋划朝鲜独立的“大阪事件”，也提到日清协和会。《梅崖先生年譜》，松村末吉发行（非卖品），1931 年。

［补注］山本宪的后人于 2006 年向高知市立自由民权纪念馆赠送遗产 6000 多件，同馆编辑的《山本憲関係資料目録》于 2011 年刊行。其中有大井宪太郎发起的《亚细亚贸易保护协会设立趣旨》（B–59）。这个“亚细亚贸易保护协会”的目标是对抗西方渗透、通过“贸易”实现东洋的繁荣，这与冈本（转下页）

等有所交流。政变这一紧急事态发生的 10 月 5 日，“日清两国人士，联络亲睦，彼此声气相通，以期扶植清国，保全东亚大局”，高举这一“旨趣”的“日清协和会”创立于大阪，是民权派在野人士聚集活跃之团体。

“善邻协会”方面，除了日期之外没有任何线索，所以无法了解其本质。如今可以看到冈本韦庵文书，窥见与善邻译书馆相关的亚洲主义的某些轨迹。虽然被后来的历史所忘却，但在甲午战争后的一段时期里，中国和日本确实都在摸索着用各种形式来进行对等关系上的合作，其中意义不可忽视。

（续上页）的“东洋开国商社”同轨，但在“自认为亚洲盟主”这一倡导日本优越的方面还是有所不同。这一协会的构想时间不详，从该会《设立方法》（B-60）等，笔者推测，应该是大井在 1892 年 11 月创立东洋自由党之后的事情。公文豪对目录的“解说”中认真介绍了梅崖的生平，中国近代史研究者特别应该注意的是清末变法派文人的书简约 200 封，有吉尾宽《清末变法派人士汪康年から山本憲への手紙——『山本憲関係書簡』の資料的価値を示しつつ》（《自由民権紀念館紀要》第 16 号，2008 年）等论稿。残留书简中最多的是康有为表兄康有仪（1858—？）的 80 多封，他是梅崖创办的梅清处塾的弟子。有吕顺长《康有儀の山本憲に宛てた書簡（訳注）》（《四天王寺大学紀要》第 54 号，2012 年）等研究。

第七章 善邻译书馆

关于善邻译书馆，上一章在引述内藤湖南证言时已经涉及。它是冈本监辅和吾妻兵治于1899年上半年开始筹备的出版社，目的是为以中国为首的东亚诸国人士将明治维新带来的日本文明成果翻译成中文。该出版社活动时间很短，时至今日几乎已被忘却，但它在甲午战争后日本人与邻国接触方面的确是具有深刻意义的尝试。

善邻译书馆最早刊行的四部书籍是《大日本维新史》《国家学》《战法学》《日本警察新法》[1]。出版年月均是明治三十二(1899)年十二月十三日，封面内侧均有“大日本/善邻译/书馆版”的方形藏版印。前三本书的封面题字是著名书法家石埭

[1] 《株式会社　善隣譯書館　株式組織卜爲スノ理由/目論見書/營業設計/營業説明》，即《韋庵先生目録　265番》内文书，1页。以下略称“株式会社善邻译书馆”，并注记本书所收录相关资料的页数。

居士永坂周，最后一本是岸吟香，即岸田吟香。装订等完全相同，均是丛书样式。

根据版权页上的记载，善邻译书馆所在地是“东京市神田区猿乐町三丁目三番地”，法人代表是松本正纯。发行者除了善邻译书馆还有国光社（法人代表西泽之助），国光社创立于1888年，发行有传统女子教育杂志《女鉴》《日本赤十字》等，是具有一定地位的出版社，应该是新起步的善邻译书馆为了便于销售而请求合作的。

《大日本维新史》[2]是重野安绎的著作。其“序”这样评价明治维新：

> 明治中兴，世人称曰复古，又曰维新。……惟自神祖正位橿原，历年二千五百余，累世一百二十余。……盖中宗之改政，取法隋唐，明治之更张，采美欧米。圣诏有云，破旧习基公道，求智识于世界。此今上驭极之初，所以誓于神明。尔来三十余年，锐意励精，刮刷振作，骎々乎日进国威耀于海外者，莫一不基誓文之旨。

神祖（神武天皇）开国二千五百余年，其中经中宗（天智天皇）

[2] 《大日本维新史》线装2册，本文94叶。“明治三十二年己亥十二月 文学博士重野安绎谨撰”。

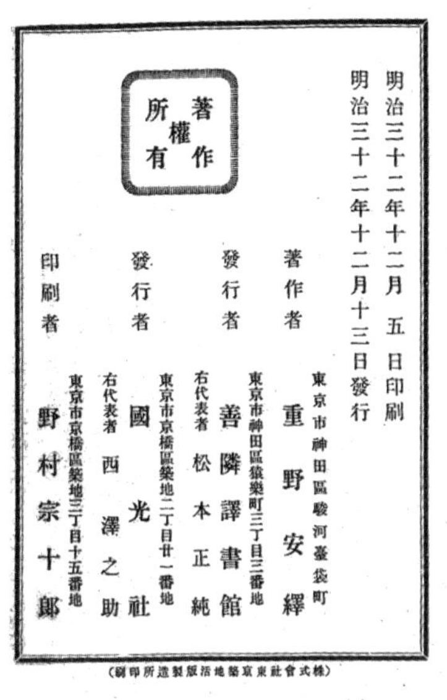
明治三十二年十二月　五日印刷
明治三十二年十二月十三日發行

著作權所有

著作者　東京市神田區駿河臺袋町　重野安繹
發行者　東京市神田區猿樂町三丁目三番地　善隣譯書館　右代表者　松本正純
發行者　東京市京橋區築地二丁目廿一番地　國光社　右代表者　西澤之助
印刷者　東京市京橋區築地三丁目十五番地　野村宗十郎

（株式會社東京築地活版製造所印刷）

大日本維新史

永坂周謹署

《大日本维新史》

的政治改革，即派遣遣隋使、遣唐使自隋唐学习而创立古代律令制国家的“改政”。如今维新以来三十年，在“五条誓文”基础上，以欧美为典范向世界寻求知识，锐意进取，得到如今的发展，学习西方近代国民国家建设取得显著成果。

这虽然是充满自信的言辞，但其经验的确对每个亚洲国家都很有借鉴意义，接下来说，

> 今则寰宇交通舟车比邻，而东西国势亦各有盛衰。我弃其旧而新之图，此之谓通于时变焉。诏圣又云，五伦之道，祖宗遗训，通之古今而不谬，施之中外而不悖。是

即孔子言，所因，所损益，百世可知者矣。呜呼，干纲广运，日新不息，新政之美，将相继而无穷也。

引用《论语·为政篇》的“所因，所损益，百世可知”，是确信明治维新的变革是顺应时代要求的正确历史发展路线，其他国家也会走这条道路。虽然没有明说是中国改革，但其字里行间都在表达这个意思。

在凡例中还说“诸名称字，若奉行、改所、株式等类，若换用汉字，反失事实，故据实书之，加注释其下”。先不说“奉行、改所”这些日本特有的制度名称，他意识到“株式”这个舶来品应该以明治日本为媒介传向邻近诸国，设立善邻译书馆的必要理由也在于此。

下面讨论《国家学》。扉页上写着“著作者　吾妻兵治”，内题下则为“德国　伯仑知理著 / 日本　吾妻兵治译”。原书为 J. C. Bluntschli, *Deutsche Statslehre für Gebildete*，这是平田东助、平塚定二郎翻译的日文版《国家论》（春阳堂，1888—1890 年）的再译中文版。其“序”[3]中这样说道，

一国之忧，莫大于不辩国家为何物矣。苟善辩之，则上不虐下不乱，协心戮力，共图富强。虽欲国不旺盛，岂

[3]　《国家学》线装 2 册，正文 145 叶。“明治三十有二年六月 善邻译书馆干事吾妻兵治识”。

> 可得哉。古来，西人特立科目，以讲究之，名曰国家学。其著书公世者，不为少矣。而德人伯仑知理氏，集而大成之，欧美列国，竞译争讲，推以为大宗。

为了建立近代富强国家必须学习国家学，其最高境界是伯仑知理的言论，后文是，

> 吾国亦译之，传诵遍海内，其裨补乎政治民智，不浅鲜也。盖伯氏之说，公而不偏，正而不激，于我亚细亚人，可谓有鸿益无小弊者。本馆首译其书，实以此也。学者求其意略其文，体其所得以行已施政焉，则其国家可几而理矣。

日本因此建立了新的国家体制。对于亚洲诸国的改革，其学说大有用处，应该把握其核心，予以实施。

梁启超将该书以《国家论》为题，在《清议报》第 11 册至第 31 册间歇性连载了全文近一半内容[4]。连载从 1899 年 4 月至 10 月，是在善邻译书馆成书之前。推测在该年末译书馆决定刊行本书之时，因吾妻等人要求，中断了连载。为了改造中国必

[4] 《清议报》的《国家论》沿用吾妻兵治译《国家学》一事，参考巴斯蒂《中国近代国家观念溯源——关于伯伦知理〈国家论〉的翻译》(《近代史研究》总第 100 期，1997 年)。

须开发民智，因此必须普及政治学、经济学知识，所以梁启超改订《清议报》章程，新设“政治学谭”栏目，连载伯仑知理的《国家论》。梁启超的作为很明显实现了《国家学》“序”中吾妻所讲的翻译目的。

《战法学》[5]是石井忠利的著作，正文“内题”后面为“日本 陆军炮兵大尉 石井忠利 著”，“清国 善邻译书馆协修 王治本订”。石井是军人，卷首有“癸亥夏 元帅侯爵大山岩”的题字，题字是“博约得要”四字。也许来自司马迁对儒家的讥辞“博而寡要”，是相当高的赞美。

石井的《自叙》是这样说的。乙未丙申（1895—1896）年间，他跟随林权助钦差居住燕京之时，“有感于时事，著本书以赠王大臣等诸公”。如今“善邻译书馆谋多编新书，输诸清韩以资其文化”（此处的“文化”是“文明发展”之意）。如果此书有幸传到两国被传读，“其于厘革兵制，或有少补焉”，这样自己素志得酬，所以修改原稿后提供给了善邻译书馆。

原本是对清朝兵制改革的建言书，善邻译书馆拿来作为符合创立主旨的书籍。校订者“协修”王治本，是后来出现的王桼园明经，可见译书馆准备之周到。

内容上，上卷《高等战法学》中有作为“战略学”的“运

[5] 《战法学》线装 1 册，正文 38 叶。“大日本明治癸亥仲秋参谋本部部员陆军炮兵大尉石井忠利识”。

用一国总军之法”“运用一方偏军之法”，有作为“军制学”的编成法、给养法、募兵法。下卷《初等战法学》中论述了行军、战军、驻军、军纪、教育、训练。虽然是战争结束后旨在改革帝国军队的提案，但没有作为胜者的优越感，而是希望对手国向前发展。著者石井忠利情况不详。

《日本警察新法》[6]是“善邻译书馆协修小幡俨太郎纂译”，小幡俨太郎作为合作者负责编辑翻译，因此其序文虽然是善邻译书馆编辑局所写，但说“夫警察者为政之要具，所以戒防祸害、保持康安、俾民事秩然齐一也，故其制度之良否，实邦国文野之所岐，其关系极大也，今也西邻两邦警察之设，尚属草创，其参酌外法，取长补短，亟致完备以期乎文明，岂非方今急务乎”，阐述了警察机构对近代国家的重要性，以及将此重要性传达给中朝两国的热情。

简单的目录在现代人看来太理所当然，本书仅引用警察发挥其机能的国民“公权”及其限制的必要性。“第二编 保安”的“第一章 公权限制”中，论述“公权者、言论、集会、结社、著作、印行、身体、居处、教育、信教之自由，是也。是人之所生而享也”。而且作为法律性制约，“然在政治上，亦得有限制，以宪法第二章可知”，在宪法第二章注释“言兵役输税，奉公事

[6] 《日本警察新法》线装1册，本文56叶。“大日本明治三十有二年十月 善邻译书馆编辑局（识）”。

也”。刊行此译本之目的，是使人理解治安维持也是立宪法治体制的一环。

总而言之，建立善邻译书馆的当事人认为应该推广的日本的成功范例，首先是维新、国家、军队、警察的相关知识。比照前面内藤湖南与蒋国亮的对话，这也是稳妥意见。

完成四本书籍的善邻译书馆，1899 年年末为了确立其销售路线，派遣代表松本正纯和干事吾妻兵治前往上海。根据白岩龙平的日记[7]，1900 年 1 月 5 日“吾妻兵治因善邻译书馆之事来申（上海）”，7 日吾妻、8 日吾妻与松本拜访了白岩。14 日，白岩在回日本的船中“读破大日本维新史上下二册”，但很遗憾没有留下感想。白岩不仅经营日清汽船，在中国有实业，是同文会的积极分子，还是东亚同文会的理事长（1922—1936 年在任）[8]。

松本、吾妻的访华也受到中国方面的关注。上海的著名报纸《申报》指出，战后日本为了对抗俄罗斯的入侵，欲使中国强盛并采取亲交之策，善邻译书馆的建立就是其佐证[9]。

> 夫中国聘问之使不绝于途，出洋学生导以新法，同文之会极意振兴，朝野上下间，盖无日不以匡襄中国振兴为

---

[7] 中村义《白岩龍平日記 アジア主義実業家の生涯》，研文出版，1999 年，348 页。

[8] 同上，150 页。

[9] 《记日本创设善邻译书馆事系之以论》，《申报》1900 年 1 月 10 日。

当务之急矣。独至文人学士，既无尺寸之柄立朝而抒宏谟，又不能仕中国为客卿以程楚材晋用之效。踌躇再四，计惟是广译书籍，俾东西各国之良法美意，渐渐为华人所深悉，亦足以使之日起有功。

这篇报道说明了甲午战争后中国吸收西方近代文明时日本的立场，以及当时的思想环境中善邻译书馆所起的作用。接着列举了创立者重野安绎、三岛毅（中洲）、岸田吟香、龟谷行、蒲生重章、吾妻兵治、松本正纯的名字，其中有一些错误，但确实也反映出译书馆受当时日本汉学大家支持的氛围。而且“名言隽论，足为中国借鉴之资”的书“兵法学〔战法学〕、国家学、日本警察新法、日本维新史四种”传入中国。这是“竟能体朝廷敦睦之心，立说著书，以新法惠我中国”，如果能一致努力，国家当然兴隆。最后结尾道：

嗟乎嗟乎，同是文士也。在日人只有君国，不知其他，见其君方欲联络中朝，则即译述诸书，以启中朝之耳目，辅车唇齿，相倚相依。若中国文人，心乎君国者固多。然如以上所云，合二十一行省中亦复不少，以彼例此，其亦不如日本多多矣。天下事尚可为乎，蒿目伤怀，不禁如贾生之痛哭流涕长大息已。至馆中一切译书规例，及设馆缘始，馆友衔名，印有成书，兹不赘述。

所谓中国人心不齐，是站在指责“逆党”康梁的立场上所言，改革的前提是与他们保持距离。

在《申报》最早的报道[10]中重野安绎（成斋）被认为是善邻译书馆的创立者，在王仁乾（惕斋）的书信[11]中被写成主笔。后者还记述，与重野并列的还有冈千仞（鹿门）、龟谷行（省轩）；善邻译书馆是专门汉译“西文新法诸书”的机构，与以往不同，译著按照类别分译；族兄王治本作为校订者已经译出《植物学》交付印刷，在上海托付给岸田吟香的乐善堂销售等等，各种信息交错。这些报道虽然不正确，但无疑这些错误在某种意义上反映出善邻译书馆支持者们的深情厚谊。

王仁乾的其他书信中[12]，还写着松本正纯、吾妻兵治是携《大日本维新史》《日本警察新法》《战法学》《国家学》来上海贩卖。善邻译书馆正是派遣松本和吾妻开展正式的营业活动。

根据某辞典[13]，松本正纯（1866—?）是和歌山县人，三岛中洲门下，1899年“与重野安绎、岸田吟香谋划创立善邻译书馆，得政府补助开始翻译新书面向支那发行。颇投时宜，当时

---

[10] 《善邻有道》，《申报》1900年1月8日。

[11] 王仁乾，第四书翰，《汪康年师友书札》第1卷，上海古籍出版社，1986年，43页。

[12] 王仁乾，第八书翰，《汪康年师友书札》第1卷，49页。前注引用书简的受领年月日均有错误。

[13] 《明治人名辞典》上卷，日本图书センター，1987年（底本：古林亀治郎编《現代人名辞典》，中央通信社，1912年）。

南清总督张之洞、刘坤一、李鸿章等大赞其举，流入普及，甚至新学勃兴之新语流行。于科举中加入新学，以及促成留学生群游吾邦之机运。外人在支那公然取得著作权者，以此刊书为始”。虽然有夸大其词的嫌疑，但还是比较准确地定位了当时善邻译书馆的时代地位。

关于松本并没有其他传记，吾妻兵治的相关资料则较多。他担任《亚细亚协会报告》编辑、主张亚洲诸国自下而上合作已经在第三章有所论述，这里根据宫内默藏的《吾妻醒轩君行略》[14]等来讲述其生平。

吾妻兵治(1853—1917)，秋田县人。兵治为通称，讳胜升，号醒轩。跟随名儒伯父根本通明学习，后入藩学明德馆。维新后的1872年，进入秋田县共和塾学习英学，1874年9月成为秋田县立太平学校的英语教员。半年后辞职，上京进入中村正直的同人社（在当时，同人社是与福泽谕吉的庆应义塾齐名的私塾）学习汉学及英学。毕业后成为该社中文、英文教员，兼任评论杂志《同人社文学杂志》编辑[15]。

吾妻1876年发表的《读西史》[16]认为，从罗马灭亡开始进

[14] 宫内默藏（鹿川老渔）《吾妻醒軒君行略》,《英漢和对訳　泰西格言集》，敬文馆，1922年，4—6页。

[15] 《日本近代文学大辞典》第5卷，讲谈社，288页。

[16] 《读西史》（中文），《同人社文学杂志》，明治九年七月（《英漢和对訳　泰西格言集》附录）。

入乱世的西洋“其后世运渐就绪，一变为封建，再变为立宪，为共和，而昔时凶残之俗，荡然敛迹”，以概括其历史。认为现在的隆盛是“由于人民有自主之志行”，还指出“盛衰兴亡无终极”，“虽然，苟有志于斯民者，亦何不可致力于救济乎哉”。对这篇文章，中村正直评价说“一结笔力千钧”。因为在同人社学习，所以自然关注“自主”精神，这与前述自下而上的合作也可以衔接起来。

后来吾妻进入官场，1877 年入文部省，1882 年入外务省，在外务省从事翻译工作，1890 年成为陆军教授，1896 年“依愿免官”，与亚细亚协会发生关系正是在外务省工作时期。以“行略”一职从陆军退役后，两年多后于 1898 年 10 月与冈本筹备设立善邻译书馆。吾妻等人与冈本分手、实际创立译书馆是 1899 年下半年的事情了。

创立译书馆时，冈本曾与板垣退助伯爵以及小村寿太郎外相商议，得到赞同后取得外务省“机密费贰仟元”。如果按照《招股章程》，这个金额正是“本馆租借房屋及器具等购买费用”，应该是相当及时有力的支援。也因此得以印刷自己的《国家学》、重野的《维新史》等四书，并携“数万部”访华。

吾妻在上海见到李鸿章时，李欣喜之余购买了若干部[17]。前述松本传中，将“南清总督张之洞、刘坤一、李鸿章等”并

[17] 《株式会社善邻译书馆》，附录 A41 页，中译稿见 A112 页。

称当时的开明派三总督，吾妻等人归国后作成的小册子里仅说“所到之处，总督、巡抚、道台等颔首大赞吾馆之美举，购买译书，谋划使其普及各地方之路径”，可看出对事实的美化。说到1900年初，李鸿章任两广总督（在广州），张之洞任湖广总督（在武昌），刘坤一任两江总督，时在北京，5月刚刚返回南京。

此次吾妻一行访华的目的，写在上海《亚东时报》上刊载的《善邻译书馆条议引》[18]中，而且有“附言”与“著译凡例”，是前章所述冈本监辅起草的《善邻协会主旨》修改后以吾妻兵治名义发表的。末段如下：

> 此等事，皆为今日急务，不可废一。而更有一事尤急焉者，译述新书，以启迪两国士庶者是也。……然则如之何而可。亦惟博采他邦之实学，以长其才识。旁求近世之新说，以启其知见。其法莫如译述我国及泰西有用诸书，以传播之也。使彼得启发新智，通晓时务，则旧习积弊，自然厘革。而富强文明之功，可期而待矣。吾侪窃有见于此，因欲译述新书，以输诸清韩，以表善邻之谊。是所以纠合同志，创立本馆也[19]。

[18] 吾妻兵治《善邻译书馆条议引》，《亚东时报》第21号，1900年4月28号。

[19] 此处与前章123页所引一文极为相似，与其改订版《清议报》第2号所载《善邻协会主旨》几乎相同。

毋庸赘言，上述善邻译书馆所刊书籍的序言就是根据此主旨完成。

吾妻等人访华，当然是为了开拓所出书籍的销售渠道，更根本的目的在于防止盗版。《株式会社善邻译书馆》开篇就提出“至其成功尚有二疑问”，第一个问题如下，

> 因清国未有制定版权法之故，投资出版之书籍输送与彼国同时，即上海周边地区发生翻刻发卖之时，经营因之徒劳，无奈归于失败。于清国一定有得版权之必要，不知能否达成此目的，是为其一。

前章曾提到推测冈本监辅的《万国史记》盗版计有三十万部，京都大学人文科学研究所也有盗版的藏本：有两种重野安绎的《大日本维新史》，字体、版面大小、每行字数等皆不相同。一部的国名是“米、露、独、仏、伊”这样的日本式（单纯翻刻），另一部则是“美、俄、德、法、意”的中国式（部分翻译出版）；另外在语法上，比如“条约改正之事成矣”变成“改正条约事始成矣”，很明显后者是清国翻刻的盗版。

然而随着吾妻等人访华，事情轻松得到解决。清朝官方为了善邻译书馆特地颁布“翻刻禁止令”。关于此种“人治主义”的解决方式有什么问题先不讨论，总之如前所述，如果有总督们购买和协助普及，那地方官发布禁令就很容易了。产生这种

合作关系的时代背景就是这样。

> 是盖（明治）二十七八年战役（甲午战争）结果，彼对吾邦虽大有信赖之念，然若非吾馆作为国家事业既得政府补助金，在清得各领事热心交涉，焉得遽至此[20]。

鲜有战败国对战胜国“大有信赖之念”，但此时如亚细亚协会和东亚会般的例子又出现了，其重要原因之一可以推测为汉族知识分子对满族政权的不满。另外“政府补助金”应该是指外务省二千元的机密费。

第二个问题是一直处于东亚文明中心地位的“中华意识”：

> 尊内卑外为支那人天性，于外国翻译之书籍，彼果真购求与否，是为其二。

总督们的支持无疑是解决问题的重要手段之一，更重要的是文人们的积极态度。吾妻等接触的一个人，是作为变法推动者在政变后遭免职、逃入上海租界的“前内阁侍读文廷式”。

文廷式说想参加科举的士大夫（读书人）千人中有一人，如此计算总人口四亿中就有四十万人，以此为基础，乐观预测

[20] 《株式会社善邻译书馆》，附录 A41 页，中译稿见 A112 页。

可以确保初版一万部以上的销售。先不论今后风气的开放、教育的普及，如果加上士大夫以外的读书人，其总数达百万人，这是更乐观的预测[21]。可以认为，且不论这些数字本身，仅因是外国的翻译书就加以排斥的中华意识，此时已基本消失。

除了书籍的传入，许多留学生被派遣到国外学习，也证明了这一倾向。甲午战争后开始派遣留日学生，1896 年仅有 13 名，西太后新政开始的 1902 年增加到约 500 名，随着科举的废止，1905 年激增到 8000 名[22]。

赶上这样时代机运的吾妻与松本无疑在访华时真切感受到了这一点。他们的事业得到充分发展，报告中经常引用的“株式会社善邻译书馆”在 1901 年上半年设立。善邻译书馆改组为株式会社，“得彼国朝野信任”，甚至期望“我等将来独占彼出版业”。当时，这个事业是“国家性营利，营利性国家，国家与营利互为首尾”，将自身的商业活动的开展与日本国家发展极为自然地结合在一起，这一点值得关注[23]。

《招股章程》[24]中写道，一股 50 元，共 4000 股，成立总资产 20 万元的株式会社。第一次支付金额是一股 50 元的四分之

---

[21] 《株式会社善邻译书馆》，附录 A44、A53 页，中译稿见 A114、A119 页。

[22] 实藤惠秀著，谭汝谦、林启彦译《中国人日本留学史》，三联书店，1983 年，附表一。

[23] 《株式会社善邻译书馆》，附录 A42、A43 页，中译稿见 A113 页。

[24] 《株式会社善邻译书馆》，附录 A49—A50 页，中译稿见 A116 页。

一，共计 5 万元，其中善邻译书馆转让费 9950 元，本馆租赁等费用 2000 元，上海支局租赁等费用 1000 元，创业费 500 元，新书三十五种译著出版费(每种1000元)3.5万元，预备费用1550元。

关于新书三十五种的刊行，其"营业设计"[25]是这样的。一部书的页数大约二百页以内，出版费平均 20 钱，如果印刷 5000 部，费用计 1000 元，三十五种共计 3.5 万元。销售价（参考后面的说明应是批发价）最低 40 钱，如果 5000 部中的三分之二能够卖出去，那么三十五种的总收入为 23324 钱。其中东京本馆、上海支局的必要经费每年 1.2 万元，减去这些，纯利润 11324 元。其中的六成是股东分红，一成是奖金，三成充当后备资金。

"营业说明"[26]还从各个角度说明实现这个计划的高度可能性。初版 5000 部在日本也许过多，但如果是预计初版 10000 部的市场就没有问题，而且日本维新后读者激增，清政府如果在义和团事件后开始新政，"许可见我明治初年发行《西洋事情》与《舆地志略》时之盛况"，是非常乐观的前景预测。

译书馆已经出版的四种书籍之中，"其中《大日本维新史》将来发行行情看好"，因为已经有了成书，如果将它也纳入三十五种，那么可以从一开始就得到收益[27]。应该注意的是

[25] 《株式会社善邻译书馆》，附录 A50—A51 页，中译稿见 A116—A117 页。

[26] 《株式会社善邻译书馆》，附录 A51—A54 页，中译稿见 A118—A120 页。

[27] 《营业说明》中除四种书籍以外，还提到"如吾馆《英华字典》之大版一千三百余页"，此字典不详。

三十五种的刊行是成立株式会社第一年度的计划，目标比较高。

但是在此之后，善邻译书馆的发展情况不明。吾妻兵治的《行略》中这样说，

> 是时，彼邦政纲日弛。会有义和团匪之乱，所携书籍，率其为所略夺烧弃，才以身免。转到福州，遽罹疾，志业竟为是顿挫。洵可惜[28]。

义和团云云，与《株式会社善邻译书馆》中的记述不符，也许是义和团运动后吾妻遇到什么变故，生病回到了日本。而

---

[28] 宫内默藏《吾妻醒軒君行略》，《英汉和对訳　泰西格言集》，6页。

[补注]东京书籍商会的会报上连载的佚名文章《清国向の書籍出版概况及東亜公司設立情况》（《図書月報》第3卷第5号，1905年2月，ゆまに书房，1985年影印本）中，特别介绍了善邻译书馆后来的情况。甲午战争后，随着留学生的激增等，清韩两国兴起新的改革风潮，对日本书籍的需求也增加了。看到这个趋势，以“专注于对中国人知识之传输，利用彼我同文之故为开发彼人而发行书籍”为目的，松本正纯、吾妻兵治氏等主导，重野博士等赞助创立善邻译书馆。其刊行书有重野博士《大日本维新史》（1899年12月）、吾妻兵治《国家学》、石井忠利《战法学》、小幡俨太郎《日本警察新法》，但“许时期尚早，惜未能见预期效果”。结果该馆发行的书籍全部成为“株式会社国光社发卖”。吾妻等人携《国家学》等访华后仅4年，同行既赞扬善邻译书馆的先见之明，又哀叹其生不逢时。而且当时不仅宫岛大八等创立的善邻书院（长谷川雄太郎《日语入门》）、伊泽修二主导的泰东同文局（伊泽修二《东语初阶》、桑原骘藏《东亚史课本》）等，富山房、三省堂、丸善、博文馆、有斐阁等大型出版社也开始大量出版这方面的书籍。另外，前一年刚刚与金港堂实现资金合作的“上海商务印书馆”，虽号称出版了150余部书（此为日本诸出版社的合计数倍），但《设立情况》结尾注明“上海印书局当时发行之书与商务印书馆出版之书无明显区别”。

且只说“君归朝后，宿痾缠绵未诊。加之债鬼日觇门，复不可如何”，看来不仅善邻译书馆的事业遭到挫折，后来吾妻的生活也很窘迫。

善邻译书馆失败了。但是，将日本文明的成功经验提供给近邻诸国的这项计划，并没有辜负善邻译书馆之初衷；以对等关系为前提将自身“盈利的事业”转变为“国家的事业”并付诸实践的尝试也值得后人关注。这些功绩后来被埋没，应该与日本走上侵略道路有关。我们应该更充分地认识善邻译书馆所具有的历史意义。

终章　早期亚洲主义的历史意义——东亚同文会的成立

“亚洲主义”这一词语中包含着极为广泛的内容，并在各个时代被赋予不同的新含义。特别是在中日十五年战争（自1931年“九一八事变”始）期间，“大亚洲主义”作为侵略行径的掩饰被大力提倡，更出现了像“大东亚共荣圈”这样将侵略和压迫体系化和组织化的统治实体，所以在战后，亚洲主义自身因为其危险的一面而遭到疏远。

本书以点状形式描述兴亚会至善邻译书馆的早期亚洲主义的历史，它们均是以“兴亚”为宗旨或目标而结成的团体。虽说是亚洲，但都将中国置于中心位置，紧跟当时的政府意向而展开活动。在这种时代背景下，在中期亚洲主义之历史中发挥最重要作用的东亚同文会出现了。

东亚会与同文会合并为东亚同文会，是 1898 年 11 月 2 日的事情。在其《主意书》[1] 中，认为甲午战争是兄弟阋墙和鹬蚌相争，今后两国应保持如下关系：

> 当此时，上即两国政府须执公尚礼，益固邦交，下则两国商民须守信共利，弥善邻谊，两国士大夫则为中流砥柱，须以诚相交，讲明大道，助上律下，共至盛强。是所以设我东亚同文会。

1898 年，中国成为国际列强瓜分势力范围的焦点，这一年清朝也发生了戊戌变法这一石破天惊的事件。紧接着西太后发动政变囚禁皇帝，邻国的这一大变动在日本也引起朝野上下的关注。

政变后逃亡日本的康有为和梁启超，在东亚会会员宫崎寅藏（滔天）与平山周、中西正树的陪伴下来到东京时，正是东亚同文会创立约七至十天之前。在此之前孙文等人高唱推翻清政府、进行革命，已经将日本作为活动根据地。康有为等人的到来使日本政府又面临一个新的外交问题。当然，拥护皇帝在紫禁城内部进行实际变法的康梁二人之重要性，远非武装起义失败、亡命日本的孙文所能比拟。

---

[1] 《東亜同文会主意書》,《東亜時論》第 1 号，1898 年 12 月，会报栏。下文出现的《発会決議》《東亜同文会規則》等，不再特别注释，均依据于此。

东亚同文会首先要决定尽“善邻谊”的对象，即对政治逃亡而来的康梁采取何种态度，这是创会伊始就必须直面的难题。如果将其定性为政治逃亡者，那就会违背北京政府的意愿，为对华政策带来障碍；如果不定性为政治逃亡者，那就是不遵守万国公法，会招致国际舆论的不满。但是为了修订条约，必须避免这种事态发生。会内意见中，有支持康梁改革的，也有重视与北京政府之关系的。因为东亚同文会是由支持康梁变法为目标的东亚会，与经营中国大陆事业的同文会合并而来，所以出现这种分歧理所当然。成员与组织虽然有些许差别，但早期亚洲主义基本上都采取平等立场。

东亚同文会创立之初的《决议》中，围绕中日两国关系的政治态度主要总结为下列四项[2]：

保全支那

帮助支那改善

---

[2] 东亚文化研究所编《東亜同文会史》，霞山会，1988 年，33 页。为祝贺该书的发行，卫藤沈吉教授在序言中称东亚同文会的功绩是将“明治青春期民族主义与亚洲解放之梦”融为一体。

[补注]最近的研究论集有松浦正孝《アジア主義は何を語るのか——記憶・権力・価値》(ミネルヴァ书房，2013 年)。该书试图探讨“全球主义”(Globalism)和“民族主义”(Nationalism)历史发展的产物，实证地分析亚洲主义的未来和发展脉络。涉及的课题与领域极为多元，某种程度上可以说是现阶段亚洲主义研究的集大成者。与本书紧密相关的文章是吉泽诚一郎《近代中国におけるアジア主義の諸相》。

讨论研究支那时事以期实现

唤起国论

其中在影响日本对华政策上极具意义的宗旨“保全支那”，是亚洲主义团体行动纲领的一项。近卫笃麿融合了两派的对立意见，根据酒田正敏氏的研究，当时近卫笃麿已经从“日清同盟论”转移到“支那保全论”[3]，所以与其说是近卫融合了两派，不如说是会员们接受了近卫的想法。

“保全”无疑是“分割”的反义词。当时的东亚国际形势中，众所周知，“保全”与“分割”都是列强对华政策的关键词，也是轻视中国主权的优越立场下的政策。所以近卫提出的“保全支那”这一口号，既是为了调停会内成员对立而提出，也是在国际上表明东亚同文会作为日本亚洲主义团体，优越于中国的地位。

甲午战争的胜利是日本接受西方近代文明的结果，这在当时的中国早已得到公认。鉴于进化史观（社会进化论基础上的发展史观）是当时时代思潮的主流，日本对中国或其他亚洲诸国确立了优势地位这一认识，被认为是“客观的”史实。因此东亚同文会出现，并且将这种关系反映在行动纲领中，可以说

[3] 酒田正敏《近代日本における対外硬運動の研究》，东京大学出版会，1978 年，122 页。

是在这个基础上日本亚洲主义迈向新阶段的标志。所以东亚同文会的出现也是中期亚洲主义的开始[4]。顺便说及，“九一八事变”是中期和晚期的分水岭。1933年大亚细亚协会成立，但毋庸赘言，它是为侵略战争服务的组织。

接下来简单回顾一下本书出现过的诸团体之性质。

先不说几乎没有实际创立就终结的振亚社，兴亚会（1880年创立）在其《规则》中，提出“讲究亚细亚诸邦之形势、事情”与“习得语言文章之学”，在《设立绪言》中，提倡全亚洲志士携起手来，振兴因为欧美而衰退的“亚细亚全州之大势”。当时，平等合作原则是预设的前提。从东亚历史来看，出现将北京官话作为相当于欧洲英语的共通语的提议以及实践，是顺理成章之事。

兴亚会之后的亚细亚协会（1883年创立），在其《规则》中以亚洲诸国广泛“亲睦交际”“交换知识研究学术等”为目的。明治十年至明治二十年之间，虽说是“兴亚”，但也要首先从了解亚洲诸国实情开始，其目的是在和谐基础上建立“通商”关系，即“往来”和“贸易”安定发展，认为追求“私利”与实现“公

---

[4] 加加美光行氏将早期亚洲主义定义为具有“理想主义倾向”，“自下仰视通往亚洲世界的路径这一特征”，且近卫笃麿“属于初期亚洲主义”（《東亜同文書院創立者　近衛篤麿の人と思想——初期アジア主義の系譜》，《東亜同文書院大学と愛知大学》第4集，1996年，61页）。关于“初期亚洲主义”的概念设定与笔者相同，但内容有异。

利”互为表里。

接着东邦协会（1890 年创立）在《设置趣旨》中说道，为了在东亚实现欧美诸国之平衡，“东洋先进”的日本帝国要“张显实力于外部”，但主要还是关注“讲究东南洋事物”；而且与“国家王道之实践”（即指引未开国家走向开化才不辱文明之名）相结合。此处阐述的以承认日本先进性为前提的对外扩张，是在表明自身优势，但并不具践踏对方主权的意识。

东亚会与同文会（均创立于 1898 年），前者以日本国内意图进入中国大陆的人士为基础，后者则是在大陆活跃的人士面向日本国内（含政府）展开活动的组织，并没有明确提出本国的优越性。甲午战争胜利后，尽管在各种言论中已体现出这一倾向，但仍未完全表面化。

另一方面，善邻协会（1898 年发表主旨）与善邻译书馆（1899 年创立），在日本优越地位的基础上，尝试在平等原则下开展经营活动。通过译书使西方近代文明在东亚一域传播，是认识到“国家与营利互为首尾”，但完全没有将日本的优越性与侵略性国权意识相关联，也没有对其他国家任何的歧视痕迹。

另外应特别注意的是，所谓“早期”，指明治初年至义和团事件时期，以甲午战争为分水岭，战败国中国方面与亚洲主义合作的动向日趋明显。清朝文人意识到中华意识的虚妄，想要学习明治日本文明史的成果。亚细亚协会与东亚会设立支部时，两国相关人士间并不是没有微妙的分歧，但至少要承认，中国方面考虑到了平等的合作与发展，日本方面大多数人士也做了真诚回应。

通过以上回顾可知，东亚同文会的“支那保全”在亚洲主义历史上明显开启了一个新阶段，其划时代意义可由梁启超的指责加以说明。

> 欧人日本人动曰保全支那，吾生平最不喜闻此言。支那而须藉他人之保全也，则必不能保全；支那而可以保全也，则必不藉他人之保全。言保全人者，是谓侵人自由。望人之保全我者，是谓放弃自由[5]。

这是那个时代才有的出色言论，显示了梁启超在自由权关系中对保全论的基本认识。

只是，这篇《自由书》是读书笔记栏的文章，在梁启超其他论说[6]中，对保全论的评价从政治标准来看是好的，这点值得注意。同时必须承认，优越立场的自我认识未必与优劣排序的“歧视”相关，也有基于差异努力构筑平等关系的。即梁启超将立足于人类存在根本这一视角上的评论，与在外交政策方面展开的议论在不同层面上结合了起来。

[5] 梁启超《保全支那》,《清议报》第 33 号，1899 年 12 月。

[6] 梁启超《论今日各国待中国之善法》,《清议报》第 53、55 号。

话题回到东亚同文会。创立大会上决定的《规则》中，“第一条”说“本会于东京置本部，于支那各地置支部”[7]，明确表示是以对华活动为主体的组织，下面是会长、干事、大会、会费等相关的简单规定，根据《规则》选出委员。稍后决定的清朝派遣人员成为各支部的主任[8]，也都是创立时的委员。

会　长	近卫笃麿	
干　事	陆实　池边吉太郎　佐藤宏　井上雅二	
常任干事	田锅安之助	
支部主任	北京	中西正树
	上海	井手三郎
	汉口	宗方小太郎
	福州	中岛真雄
	广东	高桥谦

委员们都是大名鼎鼎的人物，创立初期的会员有姓名可查者计 60 人，委员之外关系较深之人，有犬养毅（木堂）、柏原

[7] 此《规则》在翌年（1899）4 月的春季大会上改为“本会置本部于东京，置支部于国内及清韩二国”（《東亜同文会規則》,《東亜時論》第 8 号，会报栏）。是更加符合“东亚”之名的体制。

[8] 关于支部主任，参考《近衛篤麿日記》第 2 卷，鹿岛研究所出版会，1968 年，363 页。

文太郎、谷干城、长冈护美、福本诚（日南）、江藤新作、岸田吟香、宫崎滔天，在海参崴的内田甲（良平），在清朝的平山周等，不胜枚举。翌年春天的大会上废除常任干事，设干事长，由陆实担任。入会稍晚的内藤虎次郎（湖南）从第5号起担任《东亚时论》的编辑。但后来黑木彬文证实，善邻译书馆的中心人物吾妻兵治、主张以和平手段实现清国现代化的小见源藏、著名政治小说家末广重恭（铁肠）等人并没有加入[9]。应该是这些人意识到该会不适合自己。

1898年秋，东亚同文会的诞生与政府提供补助金有很大关系。近卫笃麿担负相关组织工作的重任，他在10月22日[10]“熟虑之后”，决定将东邦协会、亚细亚协会、同文会、东亚会、海外教育会等“抱成一团”，就有了合并东亚会与同文会、成立东亚同文会这个结果。

其间过程，从向政府游说补贴活动资金角度来说，根据犬养毅的说法，隈板内阁成立时（1898年6月）为确立“对华政策”，曾经想出资二十万元作为调查等“机密费”，但被内阁否决（同年10月），下一届山县内阁时犬养毅与佐佐友房、星亨等人一起，进言“由无任何障碍的公家近卫殿下运作成立东亚同文

[9] 黑木彬文《初期アジア主義者　吾妻兵治、小見源蔵、末広鉄腸の思想と行動》,《熊本研究会報》(熊本近代史研究会)，第440号，2008年。

[10] 《近衛篤麿日記》第2卷，175页。

会”[11]。这样一种政治背景下诞生的东亚同文会，根据坂井雄吉的研究，是团结甲午战争后层出不穷的对外关系诸团体，半官半民或外务省、军部的外围团体，以推进东亚问题相关活动的组织[12]。

给予东亚同文会的补助金，是每年四万元的外务省机密费[13]，这与前章论述的善邻译书馆一次性补助二千元相比，是不可同日而语的巨款。在此基础上，如果是作为“半官半民或外务省、军部的外围团体”，那么东亚同文会对政府和国策必须采取的态度和立场就不言而喻了。但它作为民间团体，却仍然保有相对独立于政府的必要性，实际该会在展开活动时也保持了一定的自主性。如果没有相对的独立性，不可能维持其长达近半世纪的发展。

1900 年 3 月，亚细亚协会被东亚同文会合并，“同忧东邦之

---

[11] 木堂先生传记刊行会编《犬養木堂伝》中卷，原书房，1968 年，715 页。

[12] 坂井雄吉《近衛篤麿と明治三十年代の対外硬派——『近衛篤麿日記』によせて》,《国家学会雑誌》第 83 卷第 3/4 号，72 页。引用西本愿寺的中国布教师森井国雄在《大阪朝日新闻》上写给鸟居赫雄的书信（参考《近衛篤麿日記》第 2 卷，111 页）。

[13] 《甲号：東亜同文会明治三十二（一八九九）年度事業費予算書》,《近衛篤麿日記》第 2 卷，365 页。在中国的资金为 21900 元，占全部预算的一半以上，是本部补助费 3000 元的 7 倍。对上海《亚东时报》的分配额是 7200 元，其中印刷费 1800 元占必要经费的四分之一。该报记者的薪酬是两位日本人分别为每月 70 元与 30 元，一位中国人每月 50 元，预计共 1800 元，对中国人平等相待。也许是认为每月 70 元是山根虎之助、50 元是唐才常一般的人物应享有的标准。

事，虑舍小异存大同之方策，且以数年前该协会之沉寂为憾，与本会向合作以尽力东亚时局”。亚细亚协会提出申请“合并”的书面文献中，有榎本武扬、长冈护美、岸田吟香、恒屋盛服的名字，且该会提供资金三千元和书籍物品若干。既然有东亚同文会这样的大型组织出现，那么即使发展有年但已经失去力量的亚细亚协会一类的组织遭到合并，几乎是必然的命运[14]。长冈与岸田在创会之初都是东亚同文会会员。

善邻译书馆的法人代表松本正纯代表“青年国民同盟会”参加了国民同盟会的成立。国民同盟会是 1900 年 9 月近卫笃麿创立的组织，与标榜“文化性”对外活动的东亚同文会相比，它追求“政治性”或“实践性”活动[15]。推测此时善邻译书馆已经陷入困境，所以松本当然要考虑其他的活动空间。但是对于善邻译书馆的存在意义即译书刊行事业，东亚同文会是如何回应的，尚不明确，至少该会刊行的译书少之又少。国民同盟会则不在论述之列。

下面看一下东亚同文会作为半官半民组织，高扬“支那保全”旗帜，对清朝改革派采取了怎样的态度。

首先东亚同文会最初是协助康有为、梁启超一派逃亡日本的。比如梁启超受军舰护送，可知政府方面也有“协助”，从

---

[14] 《東亜同文会と亜細亜協会の合併》,《東亜同文会史》，287 页（《東亜同文会第五回報告》之《会报》）。

[15] 坂井雄吉《近衛篤麿と明治三十年代の対外硬派》，94 页。

东亚会的成立来看也理应如此。但是随着山县组阁，政府和外务省改变方针，同意北京政府驱逐康梁的要求。结果康有为被迫“自发”离开日本——采取“自发”这一方式，无疑是担心被指责违背万国公法，在这一过程中发挥重要作用的是近卫笃麿[16]。

东亚同文会明确表示不再支持康梁政策的文章，翟新认为是《亚东时报》上深山虎太郎的书信与《东亚时论》中陆实的评论[17]。深山的书信《与康有为书》[18]认为，依靠外国的改革政策只能是错误，明确反对日本政府支持康梁。议论的框架建立在质疑康有为人品方面，其中说康有为恶骂西太后一事“不忍读”，还认为梁启超在《清议报》之议论是于救天下无用的纸上谈兵。

陆实的论说《社交上之日清》[19]，将政府间的交际比作外交上的日清，人民间的交际定为社交上的日清，东亚同文会“主要在于社交上的日清”，为了实现亲密化，“支那人士”有必要“学日语，跟日本人学习常识，与日本人合作革新其国思想界”，对

[16] 狭间直树《初到日本的梁启超》，广东康梁研究会编《戊戌后康梁维新派研究论集》，广东人民出版社，1994 年。

[17] 翟新《東亜同文会と中国——近代日本における対外理念とその実践》，庆应义塾出版社，2001 年，81 页。该书是东亚同文会研究中一部里程碑式的著作。

[18] 深山虎太郎（山根虎之助）《与康有为书》，《亚东时报》第 5 号，1899 年 1 月。但是他与唐才常有交情，所以并不是批判变法派，而只是针对康梁。

[19] 陆实《社交上の日清》，《東亜時論》第 3 号，1899 年 1 月。

康有为等人依赖日本政府的改革援助，明确表示无法苟同。因为是干事长陆实亲自执笔，无疑表明了该会的态度。翟新引用王照的回忆，认为近卫笃麿最初是“重视康梁”[20]的，这不正确。康有为离开日本以及提出禁止梁启超主笔《清议报》，都是12月以后的事情，在此之前并没有任何近卫对康梁表示善意的证据。

即使近卫笃麿个人没有善意，东亚同文会最初确实支持了康有为和梁启超等人，这表现在他们生活的各个方面。比如梁启超在写给妻子李蕙仙的信中，表达了对在任的柏原文太郎等人的感谢[21]。另外东亚同文会还在会报上刊登其相关文章以造成舆论支持，《东亚时论》创刊号刊登了梁启超执笔的请求救援光绪帝的书信《上副岛近卫两公书》[22]。为了向日本人说明政治背景，梁启超《戊戌政变记》的一部分在该报第2号刊登，并连载至第4号[23]。但是在第4号中断了，这无疑是对康梁态度改变的措施之一。

进一步说，刊登《戊戌政变记》时《东亚时论》的编辑隐

[20] 翟新《東亜同文会と中国》，78页。对于一直怀才不遇的王照来说，康梁是太阳般的存在，在他眼中日本人对他们很好。

[21] 《梁启超年谱长编》，上海人民出版社，1983年，168页。

[22] 梁启超《上副島近衛両公書》（中文），《東亜時論》第1号。

[23] 《政変始末》，《東亜時論》第2号，《政変前記》，同刊第3号，《聖徳記》，同刊第4号（1899年1月25日）。另外在第1号上以其他题目刊载的文章，后来被收入《戊戌政变记》，但第5号以后便无此例。

晦辱骂西太后是“伪临朝”“妾母”[24]。“伪临朝”是对废立唐朝皇帝的武则天的贬词，西太后已废光绪帝，深山虎太郎在批判康有为的书信中也使用了这个词。《上副岛近卫两公书》在《东亚时论》刊登时，也用了同样的隐晦处理[25]。这应该是体现了外务省意向的一面。

另外，从柏原文太郎的干事就任问题中，可以看到外务省意志对该会人事任命的影响。柏原在创会之初并没有任何职务，翌年4月的大会上成为干事，会长代理长冈护美的书信中明确写道“最早恐有伤与外务省感情之虞所以为之”[26]。很难让与外务省关系不好的人做委员，所以现实中采取了这种应对方式。

这样，东亚同文会对孙文革命派的支援也变得消极。清政府要求解散宫崎滔天等人的活动据点广东支部时，1900年6月，近卫笃麿在干事会上首先召回支部长高桥谦，7月决定废止支部[27]。

---

[24] 《东亚时论》中《戊戌政变记》的隐晦处理共有9处，其中8处是辱骂西太后的言辞。

[25] 完全相同的写给副岛、近卫的书信也刊登于《东邦协会会报》第53号（1898年12月），但作为政治措施，隐去寄信者梁启超等人的名字。从中可以反映出两个协会的不同特点。

[26] 《近衛篤麿日記》第2卷，364页。4月1日长冈向外游的近卫报告。柏原被外务省所厌弃的原因应该是在康有为离日问题上过于同情康梁一派，最终近卫遵从外务省意志，所以说“最早”云云。

[27] 翟新《東亜同文会と中国》，105、113页。

但是，近卫也没有打算与孙文等革命派对立，这从《东邦协会会报》刊登孙文批判保全论的《支那保全分割合论》[28]可以看出。如前所述，近卫是东邦协会副会长，孙文编著《支那现势地图》[29]是在该会刊行的。

孙文的这一重要政论，一直以来被认为是发表在中国留学生杂志《江苏》，其实是首发在日本的杂志，而且是为与“支那保全论”首创者近卫笃麿关系密切的亚洲主义团体会报所写。孙文的文章，在对援助自己的保全论者的批评上留有余地，但原则上还是对保全论与分割论做了综合批判[30]。在原则问题上虚心听取对方意见，这是当时亚洲主义者的胸怀之体现。

---

[28] 孙文逸仙稿《支那保全分割合論》,《東邦協会会報》第82号，1901年2月。

[29] 《支那現勢地図》发行（1900年7月）后的《東邦協会会報》第77号的广告上写有“支那革命派首领孙文逸仙编著”。翌年2月刊行的支那调查会译述《支那現勢論》(同会刊）卷末，也有介绍同样内容的广告。

[30] 狭间直树《“支那保全分割合論”をめぐる若干の問題——孫文来日初期革命活動の一側面》，日本孙文研究会等编《孫文と華僑孫文生誕一三〇周年記念国際学術討論会論文集》，汲古书院，1999年。中译见《关于孙文的“支那保全分割合论”》,《民国档案》2001年第4期。

参考文献

一、日文著述（以五十音排序）

麻生義輝『近世日本哲学史』，東京：近藤書店，1942。

吾妻兵治「朝鮮政党辨」，『亜細亜協会報告』7。

吾妻兵治「論往来交通之利」，『亜細亜協会報告』7。

吾妻兵治「論日清宜収握商権」，『亜細亜協会報告』8。

吾妻兵治「善隣訳書館条議引」，『亜東時報』21。

吾妻兵治『国家学』，東京：善隣訳書館，1899。

吾妻兵治『英漢和対訳　泰西格言集』，東京：敬文館，1922。

石井忠利『戦法学』，東京：善隣訳書館，1899。

伊藤之雄「日清戦争前の中国・朝鮮認識の形成と外交論」，古屋哲夫編『近代日本のアジア認識』。

伊東昭雄「明治初期の興亜論について——大アジア主義の形成」，『横浜市立大学論叢』（人文科学系列）33-3。

伊東昭雄「清仏戦争と東アジア・試論——日本人の反応につい

て」，『横浜市立大学論叢』（人文科学系列）37-2/3 合併号。

伊東昭雄「『琉球処分』と琉球救国運動——脱清者たちの活動を中心に」，『横浜市立大学論叢』（人文科学系列）38-2/3 合併号。

『犬養木堂伝』全 3 冊，原書房，1968 影印。

井上雅二（時雨生）「大陸嘯傲録」，『読売新聞』1898.7.27-9.30。

井上雅二『興亜一路』，東京：刀光書院，1939。

井上雅二『詩と人と境』，東京：実業之日本社，1934。

上村希美雄『宮崎兄弟伝』日本篇，全 2 冊，福岡：葦書房，1984。

上村希美雄『宮崎兄弟伝』アジア篇，全 2 冊，福岡：葦書房，1987-1999。

上村希美雄『宮崎兄弟伝』完結篇，熊本：創流出版株式会社，2004。

『浮田和民先生追懐録』，浮田和民先生追懐録編纂委員会編刊，1948。

江口駒之助「清国通信」，『興亜会報告』8。

江田憲治「孫文『会議通則』の民主主義思想」，孫文研究会編『孫文と華僑』。

大里浩秋編「宗方小太郎日記」（明治 21-33 年），『（神奈川大学）人文学研究所報』37-46。

岡本監輔『万国史記』，東京：内外兵事新聞局，1879。

岡本監輔『万国通典』，東京：集義館，1884。

岡本監輔『西学探源』，上海：商務印書館，1901。

『岡本氏自伝　窮北日誌』，徳島県教育委員会，1964（非売品）。

岡本韋庵調査研究委員会『阿波学会五十周年記念　アジアへのまなざし岡本韋庵』，2004。

小野川秀美『清末政治思想研究』，東京：みすず書房，1969（平凡社，2009増補本）。

小野川秀美「康有為の変法論」，『清末政治思想研究』。

小幡儼太郎『日本警察新法』，東京：善隣訳書館，1899。

加々美光行「東亜同文書院創立者　近衛篤麿の人と思想——初期アジア主義の系譜」，『東亜同文書院大学と愛知大学』4。

金子弥兵衛「亜細亜洲総論論説」，『興亜会報告』2。

川崎三郎（紫山）「北京及び天津に於る清国有志士人の意嚮＝日本に対する清国名士康有為氏一派の感覚」，『東邦協会会報』45；「漢土政変と支那分裂の原因」，『東邦協会会報』51 。

木下彪『明治詩話』，東京：文中堂，1943。

金城正篤『琉球処分論』，那覇：沖縄タイムス社，1978。

『近代日本形成過程の研究』（福地重孝先生還暦記念論文集刊行委員会編），東京：雄山閣，1978。

陸実「社交上の日清」，『東亜時論』3。

草間時福「興亜会成立の歴史」，『興亜公報』1。

草間時福「支那語学の要用なるを論ず」『朝野新聞』1880.2.17。

草間時福「興亜会成立の歴史」，『興亜公報（興亜会報告）』1。

葛生能久『東亜先覚志士記伝』，全 3 冊，東京：黒竜会，1934-1936。

栗原亮一訳『革命新論』，松井忠兵衛刊，1883。

黒木彬文「興亜会の基礎的研究」，『近代熊本』22，1983 。

黒木彬文「興亜会，亜細亜協会の活動」(一)，『政治研究』39，1992。

黒木彬文「初期アジア主義者　吾妻兵治，小見源蔵，末広鉄腸の思想と行動」，『熊本近研会報』(熊本近代史研究会) 440。

黒木彬文・鱒沢彰夫編『興亜会報告・亜細亜協会報告』，全 2 冊，東京：不二出版，1993。

桑原隲蔵『桑原隲蔵全集』，全 6 冊，東京：岩波書店，1968。

桑原隲蔵『中等東洋史』，東京：大日本図書，1898 (『桑原隲蔵全集』4)。

『近衛篤麿日記』全 6 冊，鹿島研究所出版会，1968-1969。

坂井雄吉「近衛篤麿と明治三十年代の対外硬派——『近衛篤麿日記』によせて」，『国家学会雑誌』83-3/4。

酒田正敏『近代日本における対外硬運動の研究』，東京大学出版会，1978。

佐藤三郎「日清戦争以前における日中両国の相互国情偵察について」，『近代日中交渉史の研究』(東京：吉川弘文館，1984)。

佐藤茂教「『興亜会報告』と曽根俊虎」，『近代日本形成過程の研究』。

佐藤茂教「『公文備考』に記載せる曽根俊虎被告事件」,『史学』[三田史学会]46-3，1975。

佐藤慎一「鄭観応について」,『東北法学』47-4, 48-4, 49-2。

佐藤宏「清国の革新的諸会」,『日本人』70。

佐藤宏『支那新論』，東京：東邦協会，1898。

実藤恵秀『中国人日本留学史』，東京：くろしお出版，1960。

重野安繹『大日本維新史』，東京：善隣訳書館，1899。

支那調査会訳述『支那現勢論』，支那調査会，1901。

島田虔次・小野信爾『辛亥革命の思想』，東京：筑摩書房，1969。

島田虔次「中国での兆民受容」,『中江兆民全集』1（月报），東京：岩波书店, 1983。中译：贺跃夫译《中江兆民思想在中国的传播》,《中山大学学报》，1992。

島田虔次『中国革命の先駆者たち』，東京：筑摩書房，1965。

島田虔次「中国のルソー」,『思想』435（『中国革命の先駆者たち』)。

「清国向の書籍出版概況及東亞公司設立情況」,『図書月報』3-5(ゆまに書房，書誌書目シリーズ 20、第 3 巻本文篇，1985 影印)。

菅野正「戊戌維新期の上海亜細亜協会をめぐって」,『奈良史学』16。

曽根俊虎訳纂『清国近世乱誌』，東京：日就社，1879。

曽根俊虎『法越交兵記』，東京：報行社 , 1886。

曽根俊虎（孫麻峯閑人・曽根嘯雲）「清国漫遊誌」,『興亜会報告』20-24。

孫文『支那現勢地図』，東京：東邦協会，1900。

孫文「支那保全分割合論」,『東邦協会会報』82。

孫文研究会（日本）編『孫文と華僑』，東京：汲古書院，1999。

高田時雄「トマス・ウェイドと北京語の勝利」，狹間直樹編『西洋近代文明と中華世界』。

竹内好編『アジア主義』（現代日本思想大系 9），東京：筑摩書房，1963。

竹内好「アジア主義の展望」，竹内好編『アジア主義』解説。

『田中正俊歴史論集』，東京：汲古書院，2004。

田中正俊「清仏戦争と日本人の中国観」,『思想』512，1967（『田中正俊歴史論集』）。

樽井藤吉（森本藤吉）『大東合邦論』，森本藤吉刊，1893（長陵書林，1975 影印）。

樽井藤吉「日韓聯邦の議」,『東亜』18（1907）。

趙軍『大アジア主義と中国』，東京：亜紀書房，1997。

張之洞「勧学篇」,『東邦協会会報』52-53。

沈国威編『漢字文化圏諸言語の近代語彙の形成』，吹田関西大学出版部，2008。

陳力衛「梁啓超の『和文漢読法』とその「和漢異義字」につい

て——『言海』との接点を中心に」，沈国威編『漢字文化圏諸言語の近代語彙の形成』。

天黙生「清国志士社会の苦心」，『東邦協会会報』48 。

東亜同文会編『対支回顧録』，全 2 冊，東京：東亜同文会，1936（原書房，1968 復刻）。

東亜同文会編『続対支回顧録』，全 2 冊，東京：東亜同文会，1941（原書房，1973 復刻）。

翟新『東亜同文会と中国——近代日本における対外理念とその実践』，東京：慶應義塾出版社，2001。

「東亜同文会三十二（一八九九）年度事業費予算書」，『近衛篤麿日記』2。

東亜文化研究所編『東亜同文会史』，霞山会，1987。

陶徳民「重野安繹と近代大阪の漢学」，『日本漢学思想史論考』，関西大学出版部，1999。

内藤虎次郎『内藤湖南全集』，全 14 冊，東京：筑摩書房，1969。

内藤虎次郎『燕山楚水』，東京：博文館，1900（『内藤湖南全集』2）。

内藤虎次郎「岡本韋庵先生墓表」，『内藤湖南全集』14。

中下正治『新聞に見る日中関係史』，東京：研文出版，1996。

中野目徹『政教社の研究』，京都：思文閣，1993。

中村義『白岩龍平日記——アジア主義実業家の生涯』，東京：

研文出版，1999。

並木頼寿「明治初期の興亜論と曾根俊虎について」，『中国研究月報』544。

西里喜行「王韜と循環日報について」，『東洋史研究』43-3。

『日本外交文書』31-1，東京日本國際連合協會。

「日本は東洋国たるべからず」，『時事新報』1884.11.13。

狹間直樹編『共同研究　梁啓超——西洋近代思想受容と明治日本』，東京：みすず書房，2001。

狹間直樹編『西洋近代文明と中華世界』，京都大学学術出版会，2001。

狹間直樹「中国人による『民約訳解』の重刊をめぐって」，『中江兆民全集』18（月报），東京：岩波书店，1986。中译：贺跃夫译《中国人重刊〈民约译解〉——再论中江兆民思想在中国的传播》，《中山大学学报论丛》（孙中山研究 8），1991。

狹間直樹「『支那保全分割合論』をめぐる若干の問題」『孫文と華僑』。中译：任骏译《关于孙文的〈支那保全分割合论〉》（改订版），《民国档案》66。

橋川文三『順逆の思想——脱亜論以後』，東京：勁草書房，1973。

橋川文三『黄禍物語』，東京：筑摩書房，1976（岩波現代文庫，2000）。

林啓介『樺太・千島に夢をかける　岡本韋庵の生涯』；東京：

新人物往来社，2001。

広瀬玲子『国粋主義者の国際認識と国家構想——福本日南を中心として』，東京：芙蓉書房，2004。

広部精「官話論」，『興亜会報告』12。

フォーゲル，J.C.，井上裕正訳『内藤湖南——ポリティックスとシノロジー』，東京：平凡社，1989。

福沢諭吉「脱亜論」，『時事新報』1885.3.16。

藤谷浩悦「戊戌変法と東亜会」，『史峯』2。

藤谷浩悦『戊戌政変の衝撃と日本——日中聯盟論の模索と展開』，東京：研文出版，2015。

古屋哲夫編『近代日本のアジア認識』，京都大学人文科学研究所，1994。

古屋哲夫「アジア主義とその周辺」，古屋哲夫編『近代日本のアジア認識』。

鱒沢彰夫「興亜会の中国語教育」，『興亜会報告・亜細亜協会報告』1。

町田三郎『明治の漢学者たち』，東京：研文出版，1998。

松浦正孝編著『アジア主義は何を語るのか』，京都：ミネルヴァ書房，2013。

松谷基和「明治期クリスチャンと朝鮮開化派——キリスト教とアジア主義の交錯」，松浦正孝編著『アジア主義は何を語るのか』。

松本健一『雲に立つ——頭山満の「場所」』，文芸春秋社，

1996。

松本健一『竹内好「日本のアジア主義」精読』，東京：岩波書店，2000。

宮内黙蔵「吾妻醒軒君行略」，吾妻兵治『英漢和対訳　泰西格言集』。

宮崎滔天著，島田虔次・近藤秀樹校注『三十三年の夢』，東京：岩波書店，1993。

『明治人名辞典』上，東京：日本図書センター，1987（古林亀治郎編『現代人名辞典』，東京：中央通信社，1912）。

安岡昭男「東邦協会についての基礎的研究」，『法政大学文学部紀要』22，1977。

山本憲（梅崖）『梅崖先生年譜』，松村末吉刊（非売品），1931。

山本憲「論東亞事宜」，『清議報』2-5。

吉尾寛「清末変法派人士汪康年から山本憲への手紙——『山本憲関係書簡』の資料的価値を示しつつ」，『自由民権記念館紀要』16。

吉澤誠一郎「近代中国におけるアジア主義の諸相」，松浦正孝編著『アジア主義は何を語るのか』。

呂順長「康有儀の山本憲に宛てた書簡（訳注）」，『四天王寺大学紀要』54。

梁啓超「論中国之将強」，『東邦協会会報』45（原載『時務報』31）。

梁啓超「支那志士之憤悱」,『東邦協会会報』53。

梁啓超「論学日本文之益」,『東邦協会会報』58。

梁啓超「論支那独立之実力与日本東方政策」,『東邦協会会報』83。

梁啓超「支那近十年史論　第一章積弱遡源論」,『東邦協会会報』83-84。

梁啓超「論中国政変(寄東亜会書)」,『日本人』80。

梁啓超「上副島近衛両公書」,『東亜時論』1。

「梁啓超等書ヲ大隈伯ニ致シテ清皇ノ為メ救援ヲ乞フノ件」,『日本外交文書』31-1。

二、中文著述(以汉语拼音排序)

《记日本创设善邻译书馆系之以论》,《申报》1900 年 1 月 10 日。

《善邻有道》,《申报》1900 年 1 月 8 日。

《汪康年师友书札》,全 4 册,上海古籍出版社,1986—1989 年。

《戊戌横滨倡祀孔子征信录》,《清议报》12。

《兴亚大会集议记》,《湘报》1898 年 5 月 25 日。

《兴亚有机》,《申报》1898 年 4 月 29 日。

《郑孝胥日记》,全 5 册,中华书局,1993 年。

巴斯蒂《中国近代国家观念溯源——关于伯伦知理〈国家论〉的翻译》,《近代史研究》100。

伯伦知理《国家论》,《清议报》11—31。

陈汉才编著《康门弟子述略》，广东高等教育出版社，1991 年。

丁文江、赵丰田编《梁启超年谱长编》，上海人民出版社，1983 年。

广东康梁研究会编《戊戌后康梁维新派研究论集》，广东人民出版社，1994 年。

黄宗羲《明夷待访录》，中华书局，1981 年。

蒋贵麟《康南海先生弟子考略》，《大陆杂志》61—3。

康有为《第一上书·第二上书》，《东邦协会会报》46—48。

李吉奎《孙中山与日本》，广东人民出版社，1996 年。

梁启超《保全支那》，《清议报》33（《饮冰室合集》专集 2）。

梁启超《论今日各国待中国之善法》，《清议报》53—55（《饮冰室合集》文集 5）。

梁启超《清代学术概论》，1920（《饮冰室合集》专集 34）。

林志钧编《饮冰室合集》文集·专集，上海，中华书局，1932（中华书局，1991 年影印）。

清华大学历史系编《戊戌变法文献资料系日》，上海书店出版社，1898 年。

史和等《中国近代报刊名录》，福建人民出版社，1991 年。

孙文《会议通则》（《建国方略之三民权初步 [社会建设]》），《孙中山全集》6。

孙文《民族主义》第六讲，《孙中山全集》9。

孙文《孙中山全集》，全 11 册，北京，中华书局，1981—1986 年。

汤志钧《戊戌时期的学会和报刊》，台湾商务印书馆，1993 年。

唐才常《论兴亚义会》,《唐才常集》。

唐才常《日人实心保华论》,《唐才常集》。

唐才常《唐才常集》,中华书局,1980 年。

王韬《扶桑游记》,岳麓书社,1985 年。

王韬《弢园文录外编》,中州古籍出版社,1998 年。

魏源《海国图志》(100 卷本),《魏源全集》第 4—7 册,岳麓书社,1994 年排印。

狭间直树《初到日本的梁启超》,《戊戌后康梁维新派研究论集》。

徐继畬著,井上春洋等训读《瀛寰志略》,德岛,对嵋阁,1861 年。

玄采《万国史记》(韩国学资料丛书 9),韩国精神文化研究院,1996 年。

姚文栋《日本国志凡例》,《读海外奇书室杂著》,1885 年。

曾虚白《中国新闻史》,政治大学新闻研究所,1996 年再版。

郑观应《商战》,《郑观应集》。

郑观应《亚细亚协会创办大旨》,《郑观应集》。

郑观应著,夏东元编《郑观应集》,全 2 册,上海人民出版社,1982 年。

索引

D

E

F

G

H

J

K

L

M

N

P

Q

R

S

X

附録

善鄰協會、善鄰譯書館相關資料

——德島縣立圖書館藏《岡本韋庵先生文書》

目次

二　整理稿篇

三　中譯稿篇

凡　例

一、本附録（原載《東洋學資料叢刊》第十册）以《善鄰協會、善鄰譯書館相關資料》爲主題，自德島縣立圖書館所藏《岡本韋庵先生文書》中節選出與善鄰協會和善鄰譯書館相關資料，組成照片形式的《原文書篇》和整理後的《整理稿篇》（除活字排版印刷的【資料十二】），末尾附上《説明》。《原文書篇》中在十四件原件的基礎上附録關聯資料二件。《整理稿篇》中對部分原稿加以改訂，原稿爲 a 稿，改訂稿爲 b 稿（九件）。共計二十三件。

二、原文書基本上以黑筆書寫，部分改正和點評用紅筆標示。

三、整理稿將原稿定爲 a 稿，改訂稿定爲 b 稿，但忽略改訂稿中的塗抹部分。有黑筆和紅筆兩種修改，但只有【資料三】有必要區分，標注了〔紅筆〕和〔黑筆〕。

四、整理資料時盡量與原版文書同樣換行，一行不夠之時，在下一行空格後接續。無論原文書有無標點，整理稿中均加入標點。

五、整理稿中，不明之字表示爲□，明顯的錯別字由編者改正，以[]表示。字體方面盡量與原文書相近，但以下漢字，如事、決、雖、風、第、睹、信、書的異體字以及使用片假名的合成字，爲方便起見，

使用通用字。

六、文書後半部分遺失或未完成者，末尾標注（中斷）。

七、【資料一】和【資料十二】另附中譯，置於《中譯稿篇》。

一　原文書篇

東洋開國商社規則

第一　本社ハ東洋開國商社ト稱ス

第二　本社ヲ東京ニ設ケ大坂神戸ニ分会ヲ出張所ヲ清國上海及各地ニ設ク

第三　本社ハ我国産物ノ販賣ヲ盛大ナラシメンコトヲ清國及朝鮮ノ諸開港場ニ日本市街ヲ[illegible]ヲスルヲ目的トス

第四　本社ノ株金ハ一株金五円トス一人ニシテ数株ヲ所有スルモ勝手タルヘシ一期ニ金壱円ヲ掛金トス

第五　本社ニ入社セント欲スル者ハ資力アル者ハ資金

ヲ以テ物品アル者ハ物品ヲ以テ本

働力セントスル者ハ働力ヲ以テスルコトヲ得ヘシ

第六

物品ヲ以テ入社スル者及ヒ其他入社シテ繊

本社創業ノ際ニ尽力シ功労アル者及ヒ永ク業

務ニ従事シ功労アル者ニハ社中協議ノ上相当ノ

株券ヲ附与スヘシ

第七

国産物ヲ本社ニ預ケ壱貫目代金ヲ株金ト為ス

ヲ得ヘシ又

諸物品ヲ本社ニ依托シ右売上金高ノ中ヨリ便宜

受領シ残金幾分ヲ株金トスルヲ得ヘシ

【資料二】

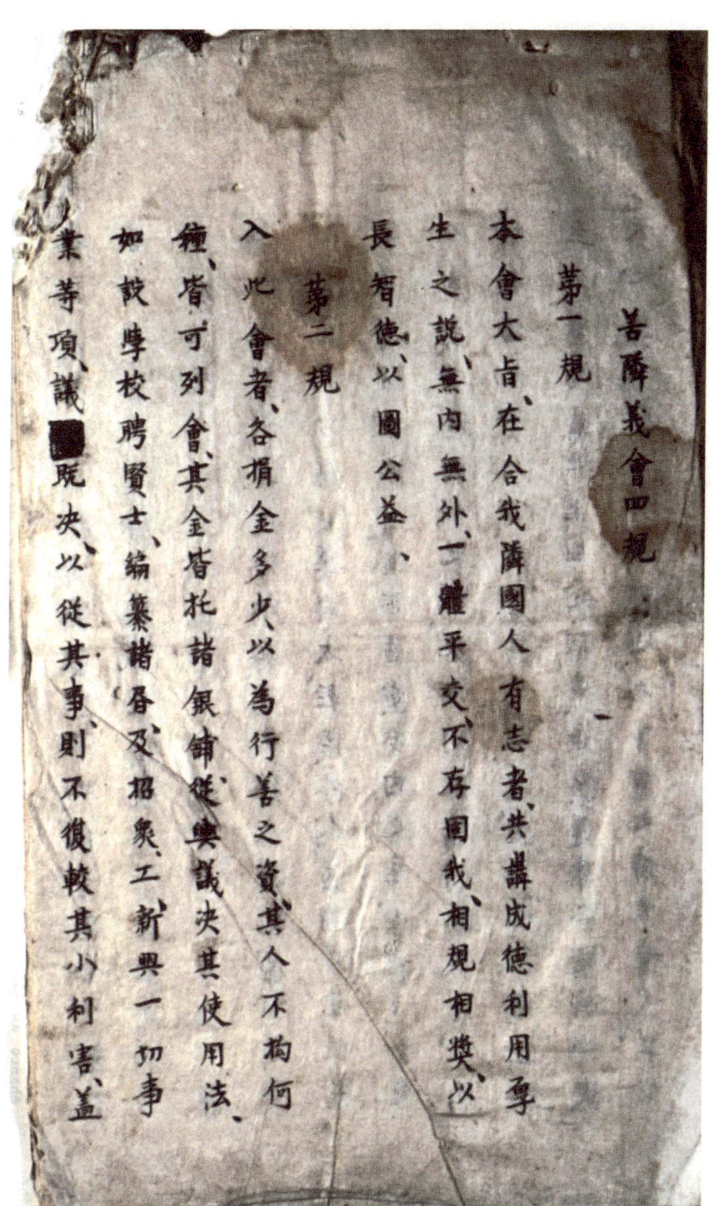

善鄰義會四規

第一規

本會大旨、在合我鄰國人有志者、共講成德利用厚生之說、無內無外、一體平交、不存國我、相規相獎、以長智德、以圖公益、

第二規

入此會者、各捐金多少、以為行善之資、其人不拘何種、皆可列會、其金皆托諸銀鋪、從衆議決其使用法、如設學校聘賢士、編纂諸書、及招衆工新興一切事業等項、議[illegible]既決、以從其事、則不復較其小利害、蓋

本為義擧、故不以小害廢大功也、編著諸書及製造
器物等、皆從會幹協議減定價幾分、以交會員、
第三規
入此會者、欲其道德純粹、為內外人模範、虛心遜志、
固其所宜、不得自尊自大、輕蔑外人、蓋斯横目之族、
而有頑陋難諭者、莫非吾黨分內之事、當諄々誘掖
以庶幾其進開明之域、況於同文諸國之民乎、又不
得輕侮先賢之言、攻擊異端之說、蓋孔子之道至正
至公、實為最上至極之訓典、吾黨遵奉不怠、所以體
天心盡人職、而老聃釋迦、亦皆古之博大真人、其言

不同、莫非因俗立教吾儕後生當以意逆志、發其道法之妙、以救斯民於迷途也、故列此會者、毋論浮屠者流、皆必一體平交、要在磨練材德、以長公益、至於冠婚喪祭諸儀、皆要從古禮增損斟酌、務全其真、不得徒飾虛美、耗散貨財及互相誹謗

第四規

每月會同一次、始于午後一時、終于午後六時、必聘德望者為賓師講論道藝、畢行饗禮、其餘並置一爵一肉、皆係自費、擇時價最廉能養體者、使數人料理之、不得強旁人飲獻酬交錯、

善隣義會五規

一吾黨結社之意在合我同文諸国人有志於斯民者與講天人之道博修五洲之学無内無外一體平交術存国我相規相奬以長智德以圖公益以固唇歯相保之勢以盡同舟共濟之義蓋欲俾同文諸国人民均躋開化之域以永保天禄於亜細亜洲内不得不從事於此

一凡欲入此會者各捐多少金以爲行善之資若其有志人不拘何種皆可得列于會其保管資金者必撰其人至於使用方法則社員投票以決其可否如設學校營聖廟聘賢士招聚工及発行日報編纂諸書新與一切

若其六句仍作其人二字

若夫一句刪種下補人字

公益等項議既決以從其事則不復較其小利害益本
為義舉故不得以小害廃大功
凡入此會者欲其道德純粹爲内外人模範虚心遜志
因其所宜不得自尊自大輕蔑外人蓋斯横目之族而
有頑陋難諭者莫非吾黨分内之事則當諄諄誘掖以
庶幾其進開明之域況於亞細亞諸國同文同種之民
乎又不得輕侮聖賢之言攻擊異端之説蓋孔子之道
即天地之道至正至公至精至純實爲最上至極宇宙
第一之訓典吾黨遵奉不怠所以體天心尽人職而老
聃釋迦耶穌皆古之博大真人均爲亞細亞之精神而其

虚心上補故一字

学者不可無此天空海濶之量

包括教老皆在我度内議論更洪大先獲我心矣不得不如

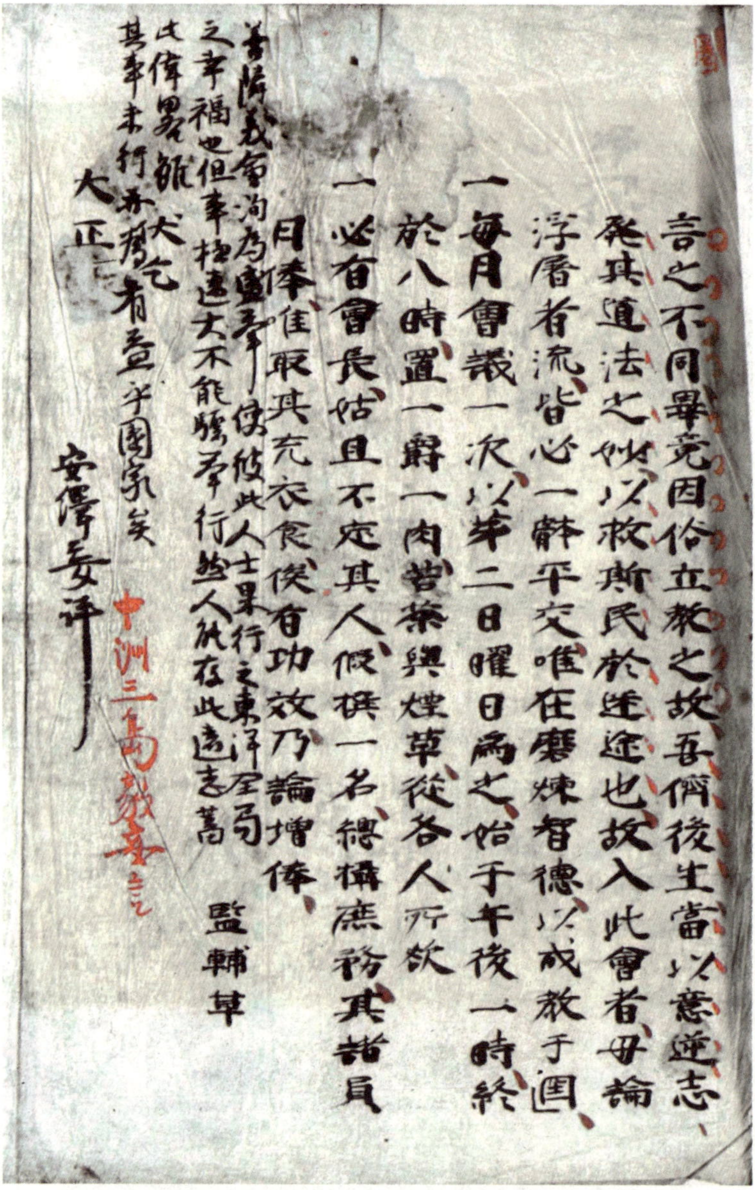
言之不同畢竟因俗立教之故吾儕後生當以意逆志
發其道法之微以救斯民於迷途也故入此會者毋論
浮屠者流皆必一體平交唯在磨煉智德以成教于國
一每月會議一次以第二日曜日爲之始于午後一時終
於八時置一爵一肉皆禁與煙草從各人所欲
一必有會長姑且不定其人假撰一名總攝庶務其諸員
月俸僅取其充衣食俟有功效乃論增俸
監輔草
善隣義會洵爲盛事使彼此人士果行之東洋全局
之幸福也但事極遠大不能驟擧行然人能存此遠志焉
此偉畧能大
其事未行亦爲之有益乎國家矣
大正二
安澤妥評
中洲三島批

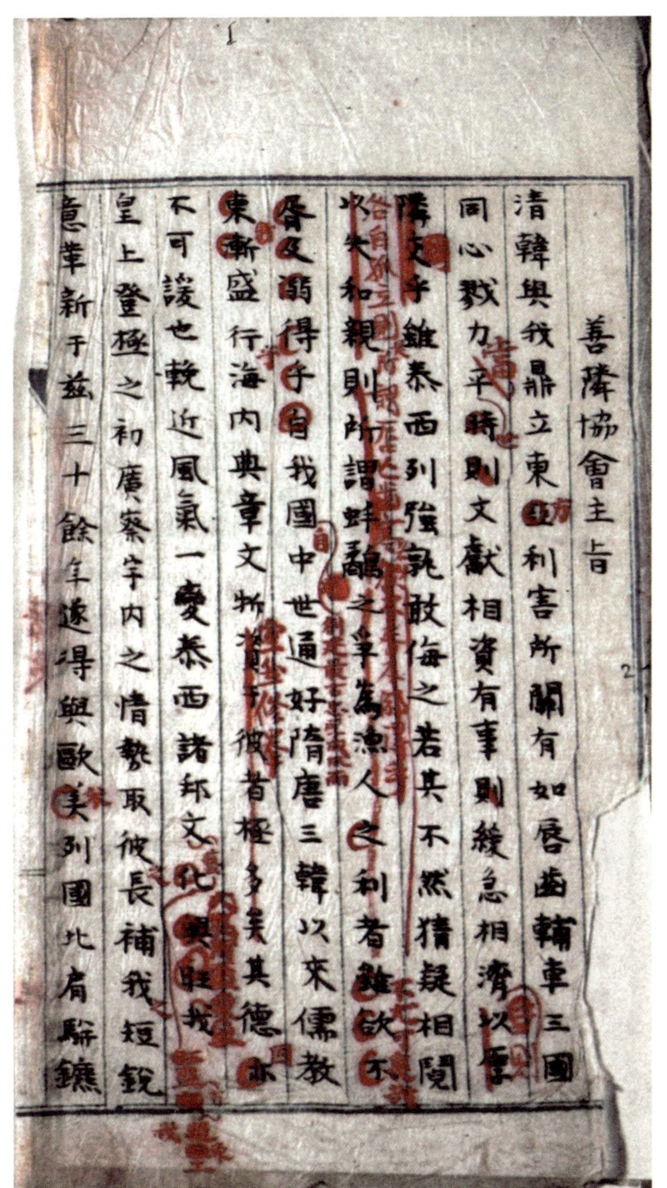

善隣協會主旨

清韓與我鼎立東亞利害所關有如唇齒輔車三國同心戮力平時則文獻相資有事則緩急相濟以禦隣交乎雖泰西列強孰敢侮之若其不然猜疑相閱以失和親則所謂蚌鷸之爭為漁人之利者雖欲不昏及弱得乎自我國中世通好隋唐三韓以來儒教東漸盛行海内典章文物採于彼者極多矣其德亦不可諼也輓近風氣一變泰西諸邦文化與駐我皇上登極之初廣察宇内之情勢取彼長補我短鋭意革新于茲三十餘年遂得與歐美列國比肩騈鑣

而清韓兩國墨守舊株積衰不振内憂外患之相續起殆有四分五裂之勢不久今爲之計恐至不可救而我國亦將受其禍此憂國之士所日夜寒心弗措也於是志士慷慨決起于新報于政論于通商于務會友訂盟以講兩國之利害者陸續相接此時勢使之然也雖然持危扶顛自有本末想方今之事更有最急者焉夫兩國所以致今日之弊者豈非以其尊内界外貴古賤今而不曉當今之形勢之所然哉匡救之道無他在傳採他邦之學術以育其實才嘗求近世新說以啓其知見而已矣而其法莫如譯述我

A17　日本早期的亚洲主义

善隣協會主旨

日清韓三國鼎峙東洋以成唇車輔車之勢彼此関係綦重且大矣三國協和扶持當平世文物相資有事交相應援以企圖富強也泰西列國何由得窺伺釁隙施其詐術焉儻或不然袖手冷眼旁觀甚且構疑反目互相齮齕嗟棄會與之固顧乎是所謂唇亡齒寒者雖欲國之不滅民之安居得乎是理勢之極易睹者也伐大日本帝國自風察乎內外大勢稍懷泰西文物技藝鋭意刷革新以來三十餘年甲邇幸獲與歐米列國比肩騈鑣而清韓兩國積衰不振

内憂外患相因臻殆有分崩離析之勢不及今為
之計恐至不可收拾而我帝國亦從以受其禍矣
是憂世之士之所寒心措也於是有志士擬聯而
興者接踵相望于新報于學校于政黨許盟立約以
為兩國謀夫豈得已乎此盍更業固為今日急務不
得緩一而又有急者為親兩國所以致有今日
之隆者豈非以咀嚼古道而不通時變墨守舊染陋
規而不達今世文化乎苟欲匡救之非據泰西新說
啓発其知見不可而據國語無見莫若譯易通
之書晉譯述以授之彼既異文明之知識通今日情

況則舊染污俗自消替新之實自舉而富強之功可坐而致也故今日為兩國計者莫急於譯述西書俾使其國人本會欲專當此任以啓廸兩國士庶此所以順氣運適時勢即所以代國家盡職之責也

附言

本會本為純然學問教育之團隊絕無與政事相關官民一體內外無別凡為學術投資金以贊襄此舉者盡稱會友且使服務者收若干報酬價銀不階別式而自立幹事二名書記數名總掌事務不置會長總理等從會友公論而措辦之

創設之際募資金於官民以刊行一切書籍至普及
清韓士庶之後備其所得以維持本會傳諸永世
譯述方法
一 一定譯字逐次編成字書
一 泰西之書寧皆引用過繁其言不免汎漫動輒
累千万言初學者茫洋殆于無由津涯本會務
節約之庶乎一讀得其要領矣
一 會友既以專門學士一世所推者爲之凡有所
譯述必使其仔細点閲以期不致誤謬然後刊
行之

A21　日本早期的亚洲主义

善隣協會主旨

日清韓三國鼎峙東方。以成唇齒輔車之勢。彼此關
係甚重且大。三國協和親睦扶持。當平世交相
資。有変互相應援。以圖富强也。泰西列國逐暴成
者。備由得我彝際。疑唐齡紛焉。若其不然。我冷眼
旁觀。或相爭不顧。如四肢麻痺不省痛痒者。或猜疑
反目。壁壘而各自孤立乎。是所謂唇亡齒寒者。雖欲
國之不滅。民之不殲。得乎。是理勢之極易覩者也。我
大日本帝國自古忠厚成性。孝敬無二。及儒教東流。
周孔大道。秩然章明。國家名分大修。孝德朝家長階

唐宋度燦然可觀。而後世代代陵夷者，所以可不慨
我至今上御宇，繼列聖祖宗之遺訓，觀察宇內大勢，務
採遠西文物技藝，自此以來，負億章籍三十餘年，牢
獲與歐米各國比肩騁轡，而清韓両國積衰不振，內
憂外患相因，災害狎臻，殆有分崩離析之勢，不及今
為之計，恐至不可收拾，而我帝國亦將受其禍矣。是
憂世之士之所寒心也。於是有奮然攘臂而起
者，接踵相望，于新報，于教育，于政論，訂盟立約，以為
兩國計。夫豈得已乎，此等事業固為今日急務，不可
廢一，而又有尤急者焉。彼兩國所以致有今日之難

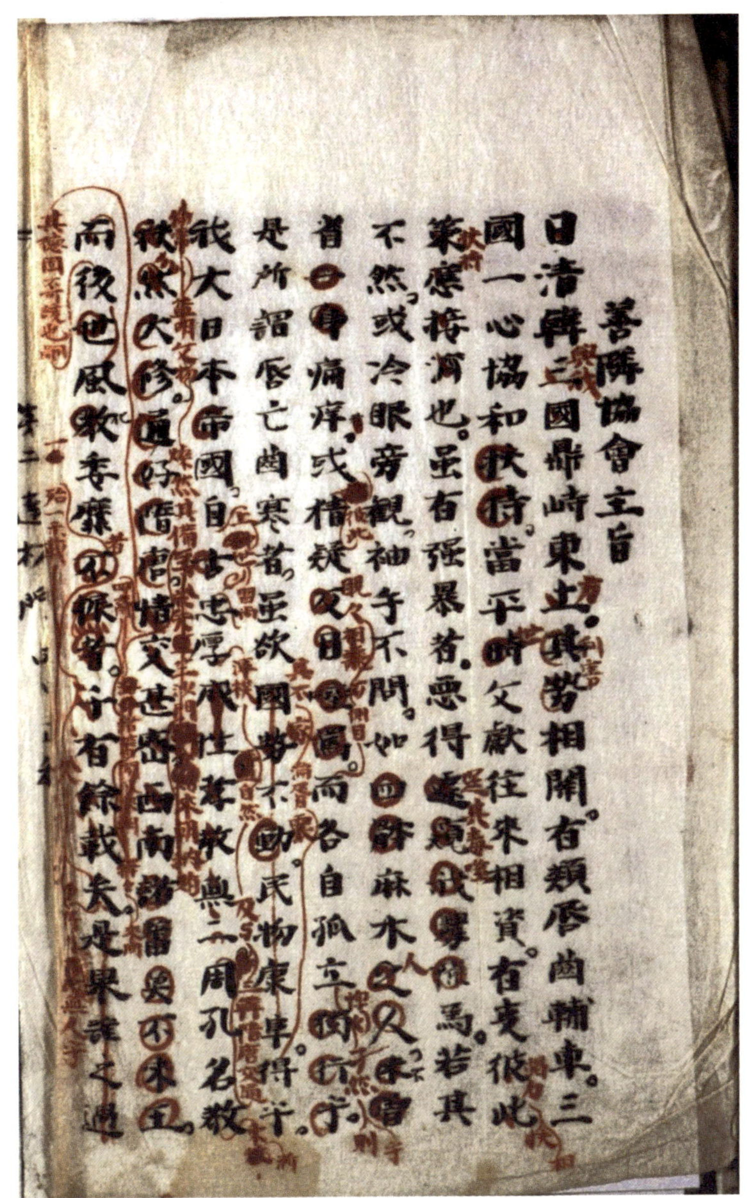

善隣協會主旨

日清隣三國鼎峙東土。其勢相關。有類唇齒輔車。三國一心協和扶持。當平時文獻往來相資。有変依此策應援濟也。虽有强暴者。悪得逞[illegible]武事[illegible]焉。若其不然。或冷眼旁觀。袖手不問。如四肢麻木之人。[illegible][illegible]者一身病痒。式情疑及[illegible][illegible]國。而各自孤立獨行于。是所謂唇亡齒寒者。虽欲國勢不動。民物康阜得乎。我大日本帝國。自古忠厚成性。尊教典二周孔名教。然然大修通好。唐宋情交甚密。西南諸蕃。莫不來王。而後世風教委靡不振者。于有餘載矣。是果誰之過

也。及今上明治之初，廣察宇内情勢，網羅遠西文藝，銳意革新，勵精圖治，于茲三十有餘年，纔獲與歐米各國比肩騈轡，是雖君德聖嚴，臣民奉行匪懈，抑亦祖宗使之然也。而清韓兩國積衰不起，内憂外患相因，殆有四分五裂之勢，未嘗彼國臣民誰能救國之若也，不及今爲之計，切恐至不可收拾，而我帝國亦將大受其禍矣，是憂世之士之所寒心弗措也。於是有奮然慷慨起者，接踵相望于新報于教育于政論，訂盟立約以爲彼我計，夫豈得已于此等事業，固爲今日急務，不可廢也，而又有尤急者焉，彼兩國所

以致有今日者。豈非以其食古不化，囿陋自封，而不
知今日爲何如世界乎。周孔之訓，終古炳焉，如日月
麗乎天，而其政術與時變化，不可易已。而國之人拘
泥末節，昏于爲政。生乎今之世，反古之道，宜乎其致
衰敝日甚也。苟欲匡救之，非據泰西新説，參覈討覆，
以長其知見不可，而其法莫如擇西籍易通者譯述
以授之，彼知識日進，漸通各國今日之情，則舊染汚
俗自然朮消，而富强文明之功，可翹足而俟，其勢將
見一變，至於古昔盛代。西化諸國，欽此驗命。其所以
裨益我國風教者，可勝言哉。今日爲清隆泰，奚忘於

訳述西籍徧接其國人。吾黨欲當此任以文報國派
悛是所以有本會之設也。亦惡可已乎哉。

附言

本會儀學問教育一邊絶不與政論相關官民一例
内外無別有捐資金以貲襄此舉者無清彈人悉列
會友且使服其勞者收若干酬報立幹事二名書記
教名整理吏務不置會長總理等從會友公論而措
辦之

剏建之際募資金於官民以刊行一切書籍頒布
清彈士庶之牲漸備其所得以維持本會傳諸永世

A27　日本早期的亚洲主义

善隣協會主旨

清韓與我帝立東方。利害所關。有類脣齒輔車。三國一心協和。當千世文献往來相資。有支竭力相扶持也。雖有強暴者。惡得遂逞其毒噬焉。若其不然或冷眼旁觀。袖手不問。如麻木人不省痛痒。或彼此猜疑。睨々相譏。而各自孤立了然乎。則是所謂脣亡齒寒者。雖欲其不淪胥溺乎。我大日本國。自上世習尚忠厚渾樸自然。及與三韓隋唐交通。周孔之教東漸。典章文物燦然修飾。其德固不可諼也。爾後風化陵替者。殆一千載。非以學者無其人乎。今上登極之初。遂

覺宇內氣運進化之狀。網羅泰西各國之百科學藝。取長補短。銳意革新。于茲三十有餘年。幸獲與歐米列強比肩駢轡。而清韓兩國。積衰不振。與我中世一揆。加之以內憂外患。殆有四分五裂之勢。未審何人能爲之者。切恐致有封豕長蛇。乘其釁隙。而我國亦將大受其禍矣。一念及此。可爲痛憤也。於是有志士奮然没起者。前後接踵相望。于新報。于教育。于政論于通商。訂盟立約。以爲兩國慮。夫豈得已乎。此等之事。固爲赴時急務。而又有一事尤急者。熟思兩國所以致有今日之患者。豈非以其食古不化。固陋自甘

譯述方法

一 一定譯字逐次編成字書

一 泰西之書皆引用過多其言不免氾漫動輒累千百言初學茫洋殆于無津涯本會務節約之庶于一讀得其要領矣

一 會日必有專門學博一世所推服者爲擇定使其仔細閲讀以期不致舛誤然後刊行之

一 西學行於我國于今數十年其間往往顛倒缺序俯致先高深後卑淺甚至不辨我國體例爲先講民和苹命等書其流毒民中亦不淺歟

夫本會譯書[illegible]正有道[illegible][illegible]竪乎三十年間得失撰擇[illegible][illegible]秋[illegible][illegible]任使兩國臣民無踏我之覆轍

一 本會[illegible]旨在於自己撰擇編著然亦兼應兩國人請譯[illegible]諸書

一 譯述方法

譯述西籍。本有一定熟字。寧係我國先輩所撰。不知果當否。今從之。編成字書。其下附以原語。使清譯人檢其當否。從心所安。自取捨焉。

一 泰西之書。引用過多。其言不免冗漫。動輒累千百言。初学茫然。如齊大水無津涯。本會務節約之。莫不簡明切當。庶乎一讀之下。得其要領者矣。

一 本會立專門碩学。立論精微。一世所推服者爲資師、每有飜述。使其仔細閲讀。以期一語無誤。然後

刊行之。

一　自西学盛行乎我国，于今三十年。其間訳述極多。往々蕪乱蕪雑，动輙先高決後卑浅，甚至不問我国勢，先訳革命等書，其流毒國内不不浅尠矣。本會訳書，要敦百道先生，不許軽俊才子容易訐篇。鑑乎三十年得失，以要撰擇精當，秩然有條不紊。使清韓臣民，無踏我之覆轍。

一　會之本旨，在於自己撰擇編著，然亦兼聽清韓人所請，譯述諸般必需之書。

【資料十一】

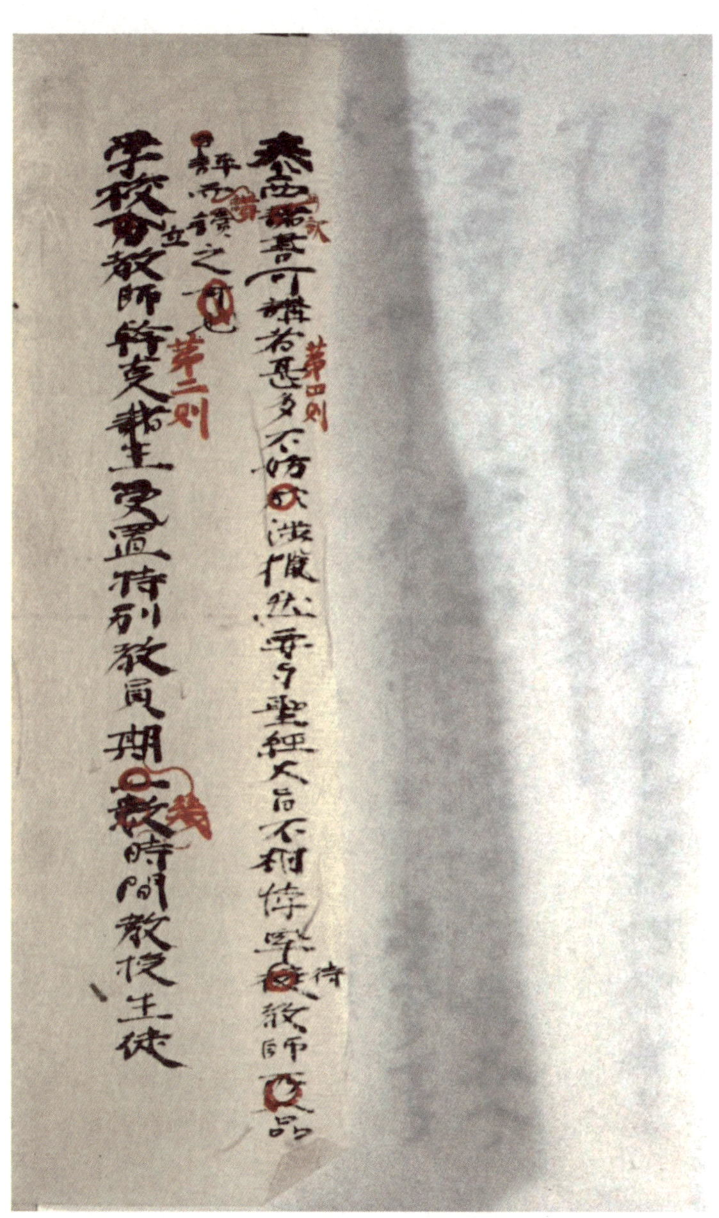

泰西諸書可譯者甚多不妨[illegible]然[illegible]與聖經大旨不相悖學堂教師[illegible]品

[illegible]辞[illegible]讀之[illegible]也

學校[illegible]立教師修業者[illegible]生學[illegible]特列教員期[illegible]時間教授生徒

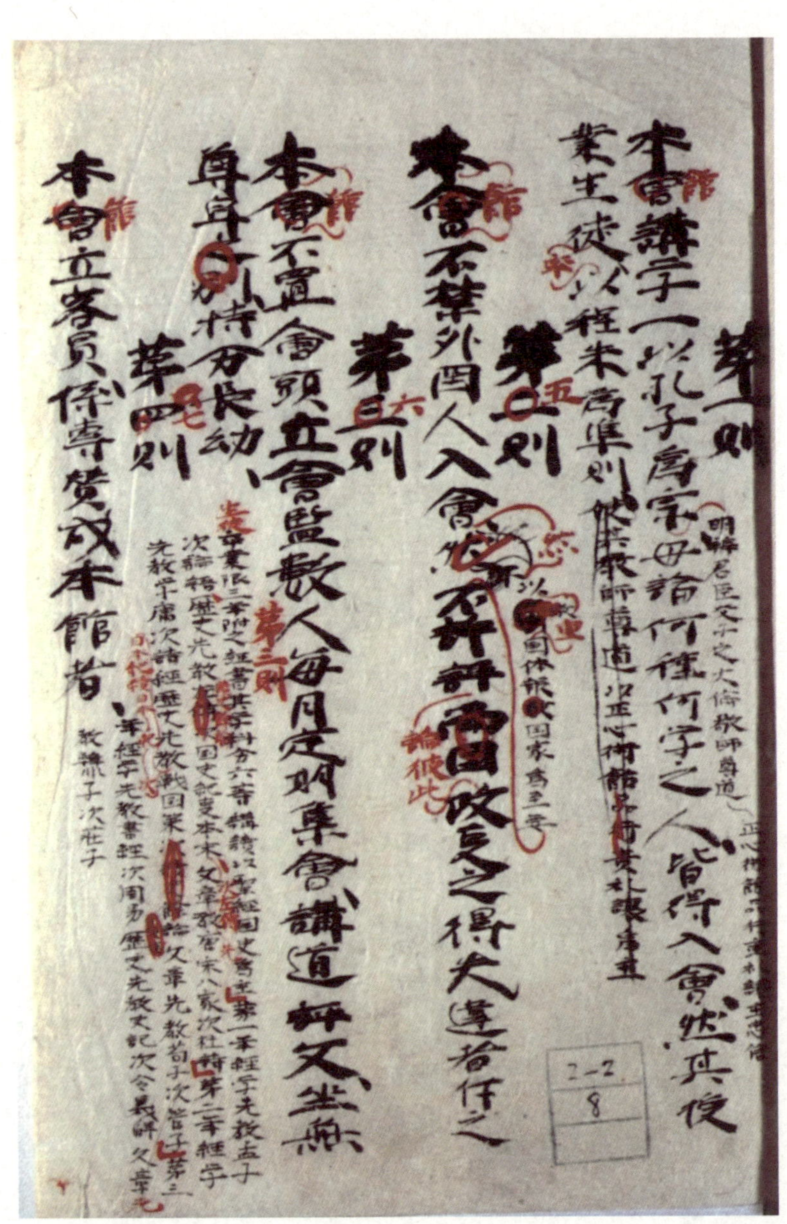

A35　日本早期的亚洲主义

第五則

入會[illegible]納金若干以充[illegible]費書成則減定價三分以交付之著者不滿[illegible]者則以金易之

第六則

會員各好書稗益世教者附意見送本會則會員協議出金刻先屬稿償原金以上乃分其利附十分之一於其人收其入於本會

其係數人或一人出金者亦從本會評定償原金以上附什分之一於世金者除其二於總會若夫買者之書本會出金上梓者必其所得之[illegible]本會收其[illegible]

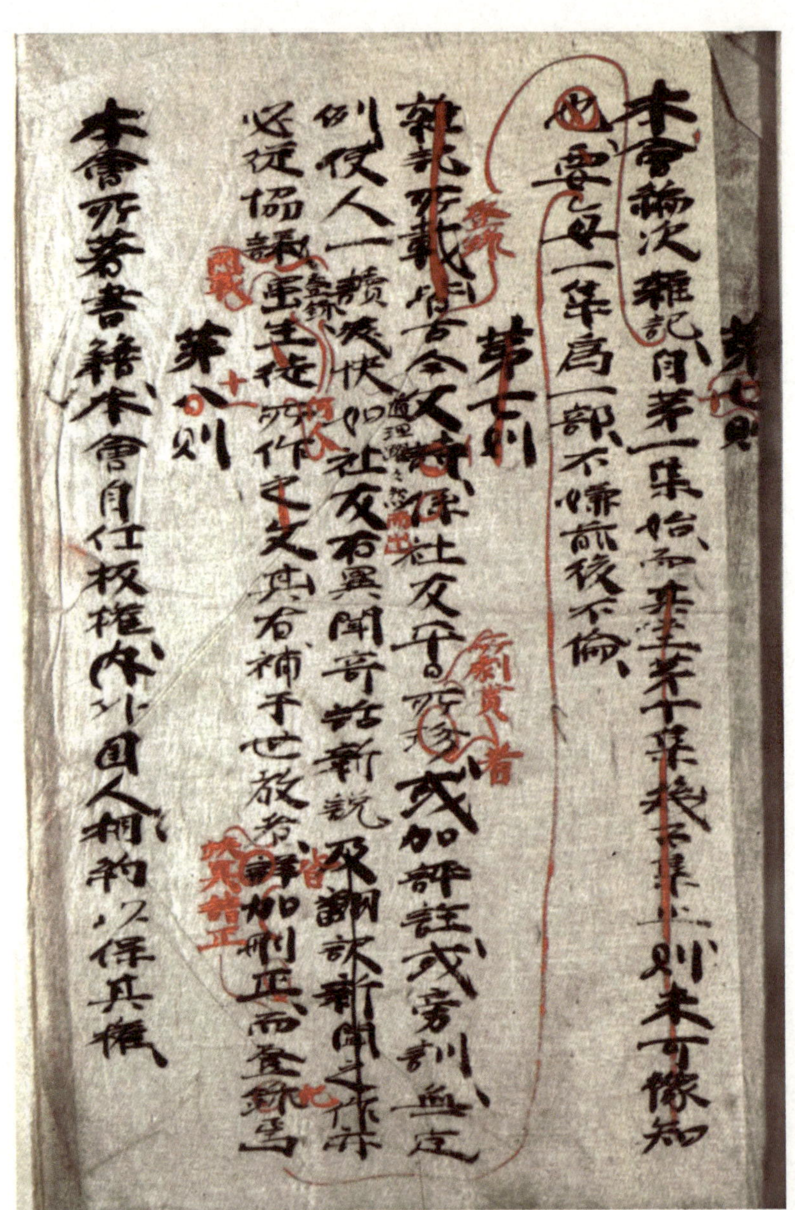

第九则

内外国人合群一徒，以伯义为第一，不得一相欺罔，厥如会员责买诸物，均监察之。收利有常度，从公而定之。登记诸簿，以杜罔蔽

第十则

本会立舍若干人，住一藏房，价诸费

第十一则

置活板局于上海，印刷好书，遣职人监修之

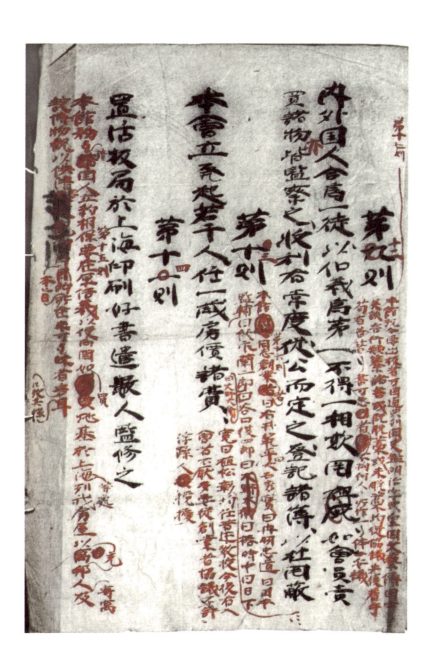

株式會社
善隣譯書館
株式組織ト爲スノ理由
目論見書
營業設計書
營業說明
2-2
/2

善隣譯書館を株式組織と爲すの理由

吾善鄰譯書館創立の際其成功に就て二個の疑問あり即ち清國には未だ版權法の制定あらざるが故に資本を投して出版せし書籍も彼國に輸送すると同時に上海邊にて飜刻發賣せらるゝときは折角の經營も之れが爲め徒勞失敗に歸せざるを得ず左れば清國に於て是非とも版權を得るの必要あり果して能く此目的を達し得べきや否や是れ其一なり內を尊び外を卑むは支那人の天性あり外國にて飜譯せし書籍を彼れ果して購求するや否や是れ其二なり當初吾妻松本の兩幹事が既成の新書(大日本維新史國家學戰法學日本警察新法の四種)を携へて渡清せしは實に此二個の問題を解決せんが爲めなりし然るに何ぞ料らん版權は案外速よ功を奏し彼れ官衙は吾館の爲め特に飜刻禁

止令を發布(沿革書參看)するに至れり又到る處總督巡撫道臺等大に吾館の美擧を賛し首として譯書を買上げ各其地方に普及の道を謀りたり是れ蓋し二十七八年戰役の結果彼れ大に吾邦に信頼するの念を起すに由ると雖も吾館が國家的事業として既に政府の補助金を得從て在清我か各領事が熱心交渉するに非ざるよりは焉ぞ遽に此に至るを得んや去りながら一個人が營利のみの目的にて單獨に此運動を爲すも到底此の如き好結果を見るに至らざりしは蓋し明白なりとす

日本外史が支那到る處に翻刻せられ坊間に流布するもの其幾十萬部なるを知らす萬國史記(岡本監輔氏著)も亦然り上海書賈云ふ予が知る所を以てするも萬國史記の翻刻高約三十萬部以上なりと是れ兩拌事が現に見聞する所なり吾館既に清國に於て版權の特例を得又其新書の必ず彼に賣れ行くべき見込立ち

し以上は從て之に對する大々的設備なかるべからず設備とは他なし其資本を增加し駸々乎として事業を進行すること即ち本館を今に於て斷然株式組織と爲すこと是なり此の如くせば左の如き利益あり

一書籍を數多く出版するが故に其原價極めて低廉となる

一出版常に先を制し機に後れざることを得

一諸事整備するが故に完全の書籍を出版することを得

一小出版者の杜撰濫刻を防遏することを得

一彼の國朝野の信用を博することを得

一我れ將來彼れの出版業を獨占することを得

現に清國に在て株式會社として國家的事業を爲しつゝある者は大坂商船會社の長江航路大東汽船會社の蘇杭航路あり又商品陳列所及び現に起業しつゝある北清航路此の數者皆國家的

精神を以て起り事業の進行するに從て營利的ご爲るものなり國家的にして營利營利的にして國家國家的ご營利的ご互に首尾を爲す故に此四社に向て政府は相當の補助金を附與し以て其成功を期しつゝあるなり吾館も亦國家的事業に相違なきも事業の進行するに從て自然營利的ごなるべきは言を俟たす其大に營利的たるの日は即ち大に國家的精神を發揮するの時なりご謂はざるを得ず即ち右諸社ご全く其精神を同じくするものなり或人曰く國家的事業は假令ひ利あるも以て私利ごなすを得ず其性質全く營利的事業ご相反すればなりご是れ迂說なり彼の京釜鐵道を見ずや國家的精神を以て起るが故に政府も特に保護を與へ人民も亦相競ふて其株式に應募せるに非ずや而して其事業は遂に營利を以て成功を告ぐべきは論を俟たず吾館の事業ご事異にして其意は則ち相同じ

吾邦の出版業者は何の書を論せず初版は大抵一千部多きも二千部を出でず然れども支那の出版物は必ず壹万乃至五万部を以て初版とす人口に比例すれば宜しく然るべき筈なり前内閣侍讀文廷式氏云ふ支那にて文官試驗(科擧)を受けんが爲め實際熱心に讀書するものの人口千人に付き一人の割合なりと即ち其人口四億に對し全國を通して讀書人は四十万人あり是等は皆學問專攻の士にて所謂終身讀書に從事するものなり此外農商工業の人にして讀書するものも亦多し刻下普通教育未だ開けず學制の不完全なるは我か維新前の寺子屋と大差なし兒童を驅て學に就かしむるの方法更に其設け無きが故に國中沒文字漢案外に多し概して之を言へは就學するもの吾邦に比し百分の一なるに拘はらす何等の書にても猶ほ能く初版に一万部以上を出版して優に其販路あるは要するに人口の饒多なると其

國民か意外に讀書を嗜好するの結果と云ふべきなり

媾和談判結了に至らば清國政府は無論着々新政を施行すべし國の本は教育に在り先づ改正を要すべきは教育制度其次は科擧の方法なり現に北京に大學を起さんとて吾邦駐在の李公使は先般來我が大學制度を取調べつゝあり又西安行在所より新智識を求むべきの上諭出で南清諸總督は教員養成の企てありと聞く左れば遠からず支那全國に大中小學校の設立を見るに至るべく從て普通教育の制度も立つべし果して此場合に至らば其教科用ょ供給する各種の書籍は蓋し莫大の數ならん吾邦の教科書出版業者は一縣下の教科書を引受んとて數千圓の運動費を費し激烈の競爭を爲したる揚句幸に審査の撰に中るも年々出版の部數幾許ありや況や其撰に中らざるに於ておや吾館が既に支那に新書出版の基礎を立て又版權を受くるの先例

を開きたれば普通出版の外今後更に進で其教科書の編纂出版にも着手せざるべからず吾館に於て今より其準備を爲さば其需用に應じ盛んに販路を廣むること決して至難の業に非ず支那全國を一學區と見做ゐ之に向て其教科書を供給するを得るは實に是れ千歳一遇の時期にして又出版界に在ては眞に得難き有望の事業なりと信す

我か新書並に教科用書が漸次支那に普及するに至らば間接に我か實業者に非常の便益と信用を與ふるものあり即ち吾館の出版書は恰も實業者の先驅となり先つ入りて彼を啓發し彼をして日本は先進國なり師邦なりとの觀念を抱かしむるが故に我か實業者其後に尾して行くときは必ず彼の信用と敬愛とを受くるを以て取引上莫大の便益あるべきは疑を容れず我か幹事か清國に在るの日三井洋行大坂商船會社漢口支店の如き支

那人に對する贈品として吾館出版の新書を用ゐたる例あり是れ彼を喜ばし彼を益し彼と親交を結ぶ上に於て他の物品より優等なりとの意より出でたるものなり吾邦維新後英書を讀みし時は英に取引多く獨書を讀みし時は獨に注文多く米に佛に皆然らざるはなし凡そ他國の書籍が先入主となりて其國民の腦力を左右するは是れ後進國の免れざる所なり左れば支那の維新も已に萌芽を發したれば我國が進て之と通商貿易し益々之を興旺ならしめんと欲せば先づ我が新書を普及ゑて彼の知見を啓き彼の耳目を我に傾注することと我國の最初英獨に於けるが如くならしむるの必要あるは言を俟たざるなり幸に我れ彼れと同文なるが故に新書を彼に發行するに於て十分の便利あり是れ到底歐米人の企て及はざる所なり然れども歐米人も夙に此點に注目し現に支那各地に在りて著譯出版に從事するも

の少しとせず左れど此等の人は皆耶蘇教宣教師あるを以て其書の良否を問はず異教の點より之を忌避して購求する者極めて少きは却て我國の幸なりとす若夫吾館の新書が支那四百餘州に普及し戸讀家誦せらるの日は即ち彼れに在ては空文虚禮を剔去し新知實學を鼓吹するの時にして其時は吾館も亦國家的事業として無論成功を告げ而して營利的事業として大に飛躍するの秋なりとす

各種の方面より見るも吾館の事業は刻下支那に向て最大急務にして前途多望なるは論を俟たず是非とも遂行せざる可からざるの事業とす只其事業進行の上に於て小資本姑息の運動にては時機を失し成功素より望むべからざるのみならず恐らくは外人の手にて起業し我か期望通りに大成功を爲すものあらん我か手よて成功すると外人の手にて成功すると今後吾邦が

支那に對する百般施設の上に於て其利害得喪果して如何ぞや是れ我館か此際斷然株式組織に改め其資本を增大にし其販路を擴張し此機會を逸せす大々的事業どして國家營利兩つながら其成功を見んことを期望して止まさる所以なり

目論見書

一金貳拾萬圓　資本總額　株式四千株　壹株五拾圓

一金五萬圓　第壹回拂込高　壹株五拾圓ノ四分ノ壹

內金九千九百五拾圓　善隣譯書館讓受費

仝金貳千圓　本館借家及器具等買入費

仝金壹千圓　上海支局借家及器具等買入費

仝金五百圓　創業費

新書參拾五種著譯出版費（壹種金壹千圓ノ割）
仝金參萬五千圓
小計金四萬八千四百五拾圓
差引殘金壹千五百五拾圓　流動及豫備資金

營業設計

一金參萬五千圓　新書參拾五種ニ對スル支出高

右ハ壹部紙數大紙貳百枚以下トシ壹部出版費平均貳拾錢トシ壹種五千部出版ト定メ其費金壹千圓即チ參拾五種ニテ金參萬五千圓トナル

一金貳萬參千參百貳拾四圓　新書參拾五種ニ對スル利益高

右ハ壹部原價金貳拾錢ノ割ニテ賣價ヲ壹部最低額金四拾錢トシ而シテ壹種五千部出版ノ內其三分之二即チ參千參百參拾貳部賣行クモノト見做シ其利益金六百六拾六圓四拾錢トナル即チ參拾五種拾壹萬六千六百貳拾部ニ對シ總利益金貳萬參千參百貳拾四圓トナル

內金壹萬貳千圓　東京本館上海支局壹個年經費見積
仝金壹萬壹千參百貳拾四圓　純益金（配當積立ノ割合ハ定款ニ由リ左ニ記載ス）

純益金配當割合表

積立金	(百分ノ十)	一金壹千百參拾貳圓四拾錢
別途積立金	(百分ノ十)	一金壹千百參拾貳圓四拾錢
賞與金	(百分ノ十)	一金壹千百參拾貳圓四拾錢
株主配當金	(百分ノ六十)	一金六千七百九拾四圓四拾錢
配當準備金	(百分ノ五)	一金五百六拾六圓貳拾錢
後期操越金	(百分ノ五)	一金五百六拾六圓貳拾錢
		計金壹萬壹千參百貳拾四圓

營業說明

一書籍紙數

出版書籍紙數大略貳百枚以下ト定メシハ最初ノ出版ニハ簡單ノモノ多ク從テ紙數モ少ク且ツ漢文ハ簡單ナラサレハ明晰ナラス和文ニ比スレハ字數極メテ省略シ得ラルヽカ故ニ壹貳百枚ニテ和文ノ貳參百枚ニ匹敵スヘシ又大部ノモノヨリハ小冊子モノヽ賣行キ善キハ獨リ吾邦ノ

ミナラス支那ニ於テモ大ニ此ノ傾キアリ但シ吾館ノ英華字典ノ如キ大版壹千三百餘頁ノモノアリ是等大部ノ出版ハ其時々協定シテ可ナリ

一壹部原價平均金貳拾錢

壹部紙數貳百枚以下トシ中ニ五拾枚ノモノモアルヘシ原價貳拾錢トセシハ其平均ヲ取リシモノナリ尤モ此ノ原價ノ内ニハ原稿料、組、刷、紙、紙型料トモ悉皆含有セルモノナリ左レハ壹部五千部賣盡シ再版ニ至ラハ其原價ノ大部分タル原稿料ト組代トヲ要セサルカ故ニ凡ソ原價ノ六分之二ヲ減スルヲ得ヘシ即チ貳拾錢ノ原價ハ拾四錢ト爲リ餘ノ六錢ハ利益ニ歸ルヘシ再版以上ハ殊ニ有利ナリ

一壹種五千部出版

新書壹種ニ付キ五千部出版ハ吾邦ニ在テハ初版トシテハ或ハ多キニ過クルヤノ嫌ヒアルヘケレド理由書ニモ記述セシ如ク支那ニテハ何ノ書ヲ論セス初版壹萬部以上ナルハ是レ人口ニ比例セシ當然ノ事實ニシテ茲ニ五千部ト定メタルハ其二分ノ一ナレハ決シテ過多ノ掛念アルヿ無シ

一賣價最低額壹部金四拾錢

原價貳拾錢ノ書籍ニハ五拾錢以上ノ定價ヲ付スルハ相當ニシテ大抵支那ノ卸賣ハ八掛ナレハ定價五拾錢トスレハ手取リ四拾錢トナル又官衙及直賣ハ無論定價ノ儘ナレハ其所得更ニ多シ

一購讀人員ト賣捌部數

十三

是ハ理由書ニモ述ヘシカ如ク文廷式氏ナドノ調査ニ由レハ支那ニテ文官試驗ヲ受ケンカ爲メニ專門ニ讀書スルモノ千人ニ付一人ノ割合ナリト即チ人口四億ニ對シ四拾萬人ナリ此外受驗ヲ目的トセスシテ讀書スルモノ亦頗ル多シ左レハ四億ノ四百分之一、四百人ニ就テ一人即チ全國ヲ通シテ壹百萬人ノ讀書人アルハ之レヲ諸種ノ材料ヨリ調査シテ確實ナリトス吾邦維新前ハ讀書ハ士大夫以上若クハ僧侶ノ專有ノ如ク百姓町人ハ都テ不必要ト心得居タリシカ維新后ハ四民ヲ通シテ力ヲ學事ニ用ユルコトヽナリ讀書者ノ數速ニ增加セシカ如ク支那モ媾和結了後ニ至ラハ早晩必ス此ノ現象ヲ見ルヘシ併シ是ハ未來トシテ暫ク措キ目下我カ新書ノ購讀者トシテ現在確定セル讀書人壹百萬人ノ內其九分ノ一强即チ拾壹萬六千六百貳拾人其人口四億ニ對シ凡ソ參千五百人ニ付キ一人ヲ得ルハ蓋シ易々タルナリ拾壹萬六千六百貳拾人カ一人一部ヅヽ購讀スルトシテ貳萬參千參百貳拾四圓即チ營業設計通リノ收入ヲ見ルナリ若シ一人ニシテ二種以上ヲ購讀スルトセハ其賣高更ニ莫大ナリ又支那維新ノ氣運ハ十分熟シ居ルモ壓制ノ結果發セントシテ發セサルナリ故ニ新政一タヒ出テンカ其驟進或ハ底止スヘカラサルモノアラン左レハ我カ新書ノ此ノ氣運ト共ニ一時非常ノ流行ヲ見ルコト恰モ我カ明治初年ニ於ケル西洋事情ヤ輿地史畧發行當時ノ盛况ヲ呈スルヤモ知ルヘカラス

一新書出版參拾五種

右參拾五種ノ出版ハ凡ソ一個年間ニ完結ノ見込ナレハ最初一ヶ年ハ漸次ニ出版發賣スルカ故ニ營業設計通リノ利益ヲ見ルヲ得サルハ豫メ心得置カサルヘカラス之ニ反シテ二ケ年以上ニ

至ラハ其種類従テ増加スルカ故ニ其設計以上ノ利益ヲ収ムルニ至ルハ必然ナリ

一現在四種ノ書籍

右四種ノ書籍(大日本維新史國家學警察新法戰法學)ハ吾館カ既ニ出版セシモノニシテ就中殊ニ大日本維新史ノ如キ將來賣行極テ有望ナリ此四種トモ紙型現存スレハ只再版増刷スル迄ナリ且ツ之ヲ三十五種中ニ加入スルコト定メハ最初ヨリ再版ノ利益ヲ得ルノミナラス現在ノ書籍ハ其賣却ニ從テ原價ヲモ併セテ利益ニ組入ルヽコトヽナルナリ

一印刷製本

右精密技術ヲ要スルモノヽ外ハ上海ニテ印刷製本ヲ爲サハ便ニシテ且ツ廉ナリ何トナレハ原稿ノマヽ上海ニ持チ行キテ同地ニテ印刷製本スルコトナレハ書籍トシテノ運賃及關税ハ無論之ヲ要セサルノミナラス其印刷製本トモ吾國ニ比スレハ二三割方安價ナレハナリ若シ夫事業ノ進行スルニ從テ我上海支局ニ印刷部ヲ置カハ更ニ妙ナリト信ス

善隣學會規約書

第一條 本會ヲ善隣學會ト稱スルハ四隣ニ交際スルニ親善ノ心ヲ失ハズ信義ヲ講ジ禮節ヲ厚クシテ太平ノ永遠ヲ維持スルヲ以テ第一ノ目的トスルニ依テナリ

第二條 本會ハ本局ヲ東京ニ設ケ其傍ニ學舍ヲ營ミ普通ノ學科ヲ教育シ四隣ニ向ヒテ競爭進取スルノ材藝ヲ研磨薫陶スルヲ最急ノ務トシ漸ク支會ヲ隣国ニ設ケ[illegible]

ヲ交換シ文明ヲ勧奨スルヲ主トス本文ノ急ハ此ニ在リトス[illegible]

第三條 本會學校ニテ教ユル所ノ倫理修身ハ孔孟ノ教理ニ本ツキ至誠無息ノ道ヲ[illegible]シ日用實際

[illegible]シメテ漢土古昔ノ制度風俗慣習等ニ協ヒ更ニ理學
數學格物等ノ泰西ノ取ル可キ[illegible]

第四條　本會學校ハ朝鮮支那魯西亜安南暹羅等
ノ學生ノ學ニ入ラント欲スルモノアレバ國法ニ從テ悉ク之ヲ
許容シ[illegible]學修[illegible]ノ與フルモノトス

第五條　外人ノ本會學校ニ入ランコトヲ欲スルモノノ邦人ノ夫
會學舍ニ入ランコトヲ欲スルモノアレバ務メテ之カ周旋ヲシ其欲スル所
ヲ學修セシム學暇ニ業ヲ營ム国法ニ違ハザル上ハ
毫モ妨ゲナキモノトス

第六條　外國学生ハ務メテ之ヲ保護シテ[illegible]視ノ實ヲ表ハンコトヲ要シ
疾病等アル時ハ教師常ニ之ヲ監視シ内國生徒ノ学ニ在ルモノト交[illegible]
ニ看護シ已ムヲ得ズニ至レバ財ヲ分ツテ救助スルモアルベキモノトス[illegible]

第六條 學校ノ授業料及ビ飯費雜費等ハ世間普通法ニ準シ一科又ハ二科ノ修スルニ止マルモノハ幾分ヲ減スベシ

セラルベシ

第七條 本會ニテハ正義公道ノ主張シテ倫論ニ従フコソ要セネトイヘトモ國法ニ矛盾スルノ本動アルノ許サズ 各個人ノ日ノ黜挙アルモノハ本會ノ與リ知ル所ニ非ズ

第八條 本會學校ノ生徒ハ實践ヲ主トシテ空言ヲ貴バズ

朝ハ六時ヨリ起キ食ハ七八分ニ止メ…習慣トシ悪衣悪食ヲ

此…學暇モ文業ニ従事スル…

天地間ノ天職人タルノ知ルコソ…

ノ賤業トイヘドモ妨ゲナカルベシ只[illegible]ニ善悪アリテ事業ニ貴賎
ナキヲ知ラシメ[illegible]實際ニ[illegible]トス　理ニ精通セシムルヲ要ス
第九條　學校生徒ハ規律ヲ嚴守セシメ専ラ一團體ヲ成シ
テ運動スルノ習慣アラシメ[illegible]自由ハ各人欲スル所アリトイヘドモ
國家ノ公益ニ供スル義務アルヲ[illegible]（國家ノ必要ナルヲ知ラシムベシ）
第十條　本校ノ教育ハ時勢ノ[illegible]察知シテ世用ニ適スルニ在リ
修身ハ一科ニ忠孝ノ一致シ性習ノ明辨シテ本末軽重ノ
當ヲ失シ支離滅裂ノ患ナカラシムベシ文章ハ達意ヲ
以テ主トシ[illegible]徒ニ[illegible]諸

文法ノ講ズルガ如キ愚ク取ラザルモノトスルガ如シ 其他ノ科学モ一偏ニ偏シ 盡ク世ノ

學迂儒ガ人ノ教ヘノ弊ハ却ッテ人ヲシテ愚痴ナラシムルモノアリ本會

ハ務メテ之ヲ矯正スルモノトス

第十一條 本館学校ハ師弟ノ礼節アランヿヲ要シ師弟間ニ約ヲ

立テ弟子ノ學校ヲ視ルヿ逆旅ノ如ク自由ニ去就シテ進退先

ヲナスヲ許サズ師タルモノモ礼節ヲ守リテ世ニ範スベシ弟子ノ意ニ満

タザル所アルハ之ヲ指陳シ過ヲ知ラバ従テ改ムルノ工夫アルベシ

徹頭徹尾ニシテ過ヲ聞テ改セザル先生ノ如キハ初ヨリ之ヲ破セズ誤リテ破ストセバ協議シテ之ヲ

モノトス 年久ルモノトス 其恬淡落々シテ吹倚ノ徒タルヲ鬼ズル輩ハ言フモ更ナリ

第十二條 先生ノ相接スルハ知徳ヲ洗練シ学識ヲ長養

スベシ又タ主トシ互ニ師タリ弟子タルノ心得アラシムルヲ要ス
遇ヲ遂ゲ小ハ師ルノ己ニ益ナル人ニ益ナルヲ知ラシムルニ在リ国家有用
ノ大人物トナシ

第十三條 本會ニ於テハ日曜日ゴトニ有志人ヲ招聘シテ
内外古今ノ事情ヲ演説シ或ハ經驗シ得タル事業ヲ講
述シ且雜誌ヲ發行スルコトアルベク或ハ講議錄ヲモ發
刊スベシ 生徒ノ作文ニ属スルト云ヘドモ採シテ要用ナルモノハ
刪正ノ文ヲ書ニ附加シテ之ヲ發刊シ世人作文ノ便ニ
供スルコトアルベシ 隣國異俗ノ文章ト云ヘドモ世ニ傳ヘテ不朽ト称スルニ足ルモノハ
漸ク發刊シテ長ク存留スルモノトス

第十四　本會ハ永遠ノ志ニ出ツルヲ以テ今日リ之ヲ発起シ
漸ク篤志ノ人物ヲ合シテ此ニ周旋尽力シ拡張シ有力者ノ賛成ヲ得テ
會員相接スルニ善悪ヲ咎メズ互ニ隔意アルベカラザルハ論ナク他人ノ代ニ接スルニ於テ不情アリト
實際ニ從事スルモノトス快カラザル疑アル数ノ個改スルニ及ベキモノハ之ヲ指揮シテ尽ベシ
テノ交情ヲ永遠ニ全フスベキモノトス
第十五條　本會ニハ特別會員名誉會員ヲ置ク特
別員ハ本會ヲ監視スル責アリ名誉會員ハ若干金銀ヲ納ルニテ數月又
ハ數年ニ至リ本會ヲ維持スルモノトス

【資料十四】

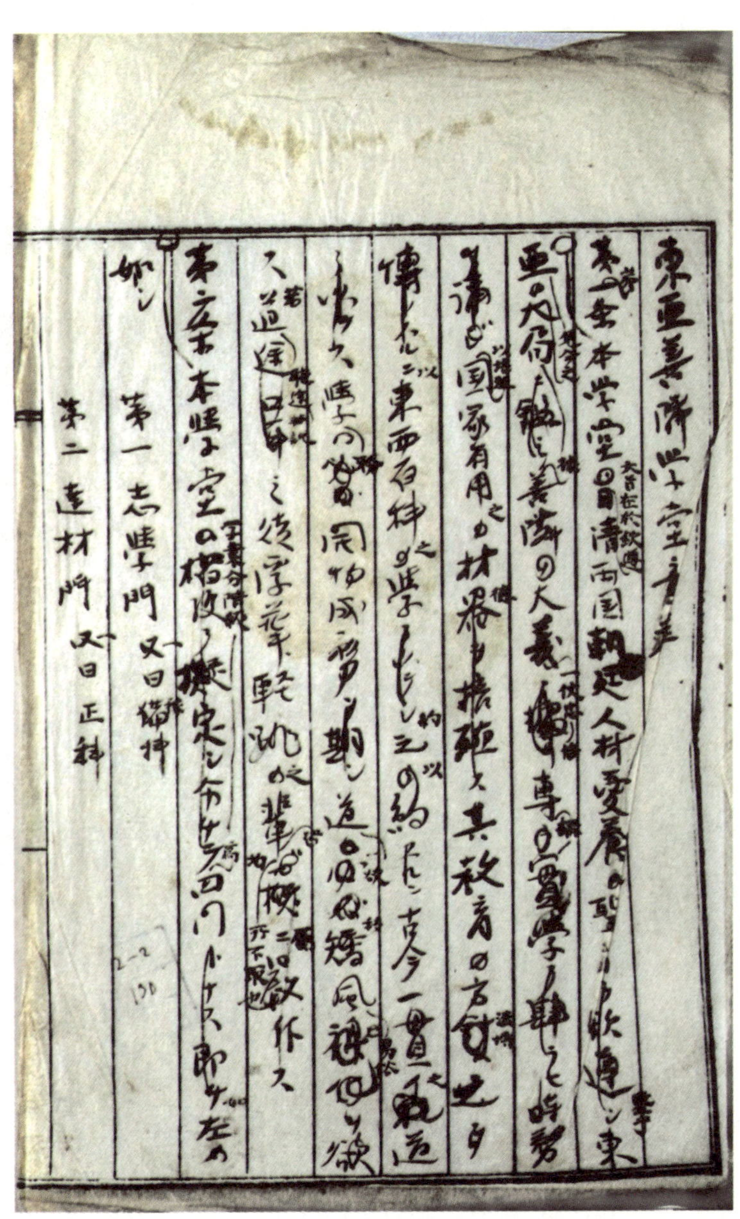

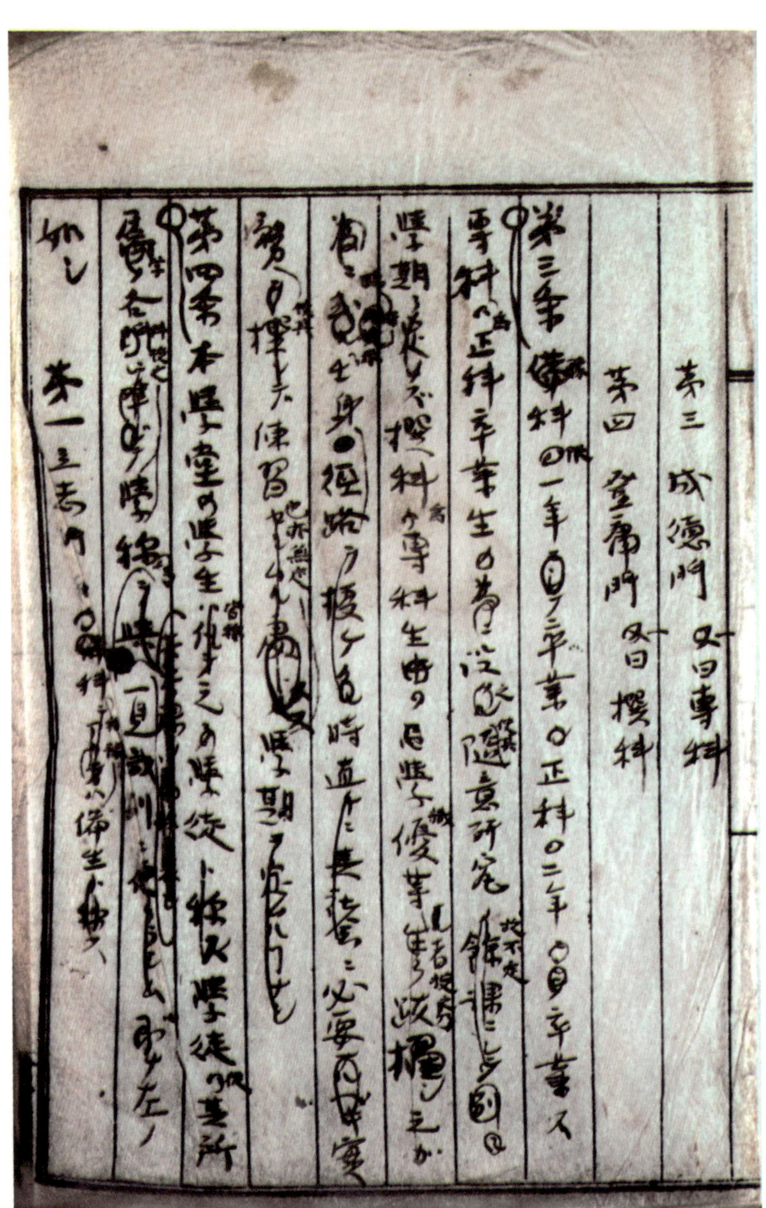

第二選材門　即チ正科ニ於テハ正員ト為ス

第三成徳門　即チ専科ニ於テハ専士ト為ス

第四登庸門　即チ撰科ニ於テハ撰士ト為ス

第五条　本学堂ノ修業ノ者ハ清国欽差ノ御学生業以上ノ学力

見看ル者ハ正科ノ修業ノ卒業ノ後其ノ見ハ同等ノ学力

見看者ハ専士及ビ撰士ノ業ヲ修メ続ケ久業見優等ノ

要ノ者見其ノ見ハ者ニ非レハ之ヲ得ズ

第六条　本学堂ノ学課ハ修業ニ於テハ専ラ倫理日語日文

算数地理博物理化学漢文体操等ヲ授ケ

英文ヲ随意ニ学バシム正科ニ於テハ専ラ倫理日語

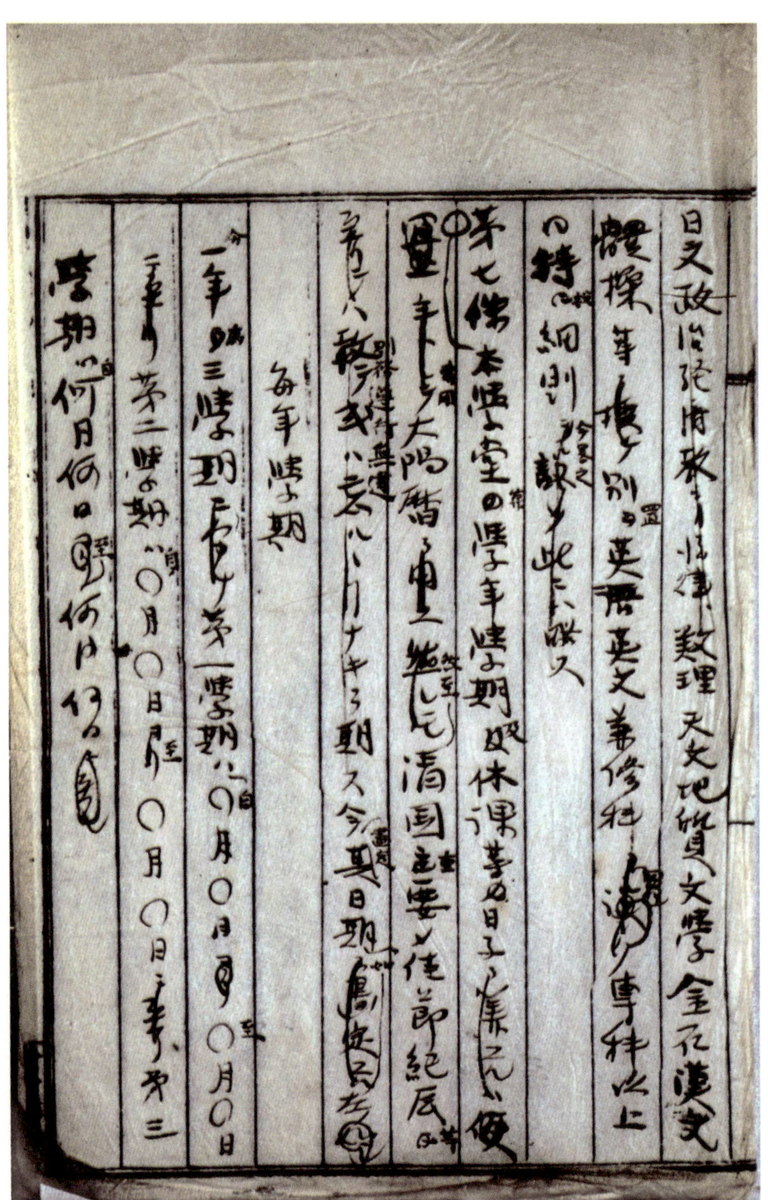

第四條。評議員。論決會中重大事務。
第五條。每年十一月。設定期總會。討議時事。
第六條。幹事有視爲緊急之事者。乃設臨時總會。隨時集衆論議。
第七條。會友中如有欲脱會者。須稟告幹事。
第八條。擬會友每人定額醵金二十錢。以充本會經費。多醵者聽。
幹事。　泉由次郎。　鹿島信成。　山本憲。　山田俊卿。　牧山震太郎。

◉善隣協會主旨

清韓與我。鼎立東方。利害所關。有類唇齒輔車。三國協和。平時文獻相資。有事竭力扶持。則雖有强國。孰敢侮之。若其不然。彼此猜疑。睊睊側目。而孤立乎。是所謂唇亡齒寒者。不尤可畏哉。我國自古忠厚成俗。及中世通好隋唐三韓。周孔名教大修。制度典章。燦然可觀。其德不可誣也。輓近氣運一變。泰西諸國。文藝興旺。有過東土。我

皇上登極之初。廣察宇內之情勢。取彼之長。補我之短。鋭意革新。于玆三十有餘年。

方與泰西各國比肩駢轡。而清韓兩國。守舊不移。憂患荐臻。豈非以其貪古不化。尊内卑外。而不察海外今日之情勢乎。不及今爲之計。或恐有虎狼乘其釁。而我國亦大受其禍矣。此憂國之士之所日夜寒心弗措也。於是奮然決起。于新報。于政論。于工商。務講彼我公益者。接踵相望。此等事。皆目下急務。不可廢一。而更有一事尤急焉者。譯述新書。以啓廸兩國士庶者。是也。周孔大道。萬古一貫。而其政術與時變化。不可易耳。然而兩國之人。徒拘末節。事虛文。而與時背馳。宜乎其不能奏革新之功也。然則如之何而可。亦唯博採他邦實學。以長其才識。旁求近世新說。以啓其知見而已矣。而其法。莫如譯述我國及泰西有用諸書。以傳播之也。彼既啓發新智。通曉時務。則舊習積弊。自然澌滅。而富强文明之功。可期而待矣。其所以裨益東方諸國者。果何如哉。吾儕竊有慨於此。因欲譯述新書。以輸諸清韓。以表善隣之實。是所以糾合同志。創立本會也。

明治三十一年十一月

附言

本會專主學問教育。絕不與政論相涉。不擇官民。不問內外。苟有以學識若資斧贊襄此舉者。均列會友。不設畛域。置幹事五名。書記數名。以處辦會務。凡事從會友公議。以措辦之。

著譯凡例

一會友中專門碩學耆宿。一稱協修。而著譯校讐。各從其所長。

一自西學盛行於我國。于今三十餘年。其間所譯述。往往不免乖錯蕪雜。本會著譯。折衷碩學名士。鑒于從前得失。慎選擇。審取捨。期使清韓兩國不承其弊。

一泰西之書。大抵繁瑣周密。其言不免冗複。若逐句譯出。則不翅索然無味。恐使初學有望洋之歎。故本會譯法。務從節約。直譯難通者。迎意解之。不必一一拘泥。要簡明切當。使一讀得其要領。

一邦人譯西書。本無一定熟字。人人各異。紛無統類。學者苦無所適從。本會豫期以妥當文字。譯所謂學術語者。類集作爲字典。使兩國學者不迷多歧。

一本會經會友協商。以編著群書外。兼應清韓官民之需。從事諸般譯述。

自閩越抵江浙。交游皆仰陳氏如泰山北斗。於是再取其書讀之。未有瑰奇絕特足以過人者。滋深疑之。乃問友人章君枚叔。枚叔曰。二程之學。淵源濂溪。而濂溪之師。乃鶴林寺僧壽涯。然則所謂道統者可知也。嗚呼。是果然乎。苟爲程朱理窟者。余願與聞之。

善鄰譯書館條議引

吾妻　兵治

清韓與我鼎立東方。有如唇依齒。如輔依車。平時則玉帛相盟。有事則患難與共。雖有强國孰敢侮之。若其不然。彼此猜疑。睊睊側目。而各自孤立。是所謂唇亡而齒寒。輔敗而車覆者。可不深慮哉。我國自古忠厚成俗。風龐俗美。及中世通好隋唐三韓。傳周孔之教。制度典章燦然具備。其德不可諼也。輓近氣運一變。泰西諸國。技藝迭興。通商互市。日臻富强。駸駸乎駕軼東土。我皇上登極之初。廣察宇內之情勢。取彼之長。補我之短。鋭意革新。力求自强。乃得與泰西各國並駕齊驅。以卓立於東海之表者。三十餘載於茲矣。獨惜清韓兩國尊內卑外。守舊不移。以致憂患荐臻。國勢日蹙。是殆不知所變者階之厲也。若不及今爲之計。或恐有虎狼乘其釁者。虢亡虞及。此憂國之士之所日夜寒心弗措也。於是奮然决起。於新報。於政論。於工商務。講彼我之公益者。接踵相望。此等事。皆爲今日急務。不可廢一。而更有一事

尤急焉者。譯述新書。以啓迪兩國士庶者是也。周公制禮。鑑於二代。以定損益。孔子論爲邦。夏時殷輅周冕。並垂法則。洵爲千古之善變者也。今二國徒拘末節。事虛文。宜乎與時背馳。而不能奏革新之功者。不大可惜哉。然則如之何而可。亦惟博採他邦之實學。以長其才識。旁求近世之新說。以啓其知見。其法莫如譯述我國及泰西有用諸書。以傳播之也。使彼得啓發新智。通曉時務。則舊習積弊。自然釐革。而富强文明之功。可期而待矣。吾儕竊有見於此。因欲譯述新書。以輸諸清韓。以表善鄰之誼。是所以糾合同志。創立本館也。

附言

本館專主學問敎育。絕不與政論相涉。不擇官民。不問內外。有以學識資斧相助者。均列館友。館中置正副館長各一名。幹事會計各三名。書記數名。一切應辦諸事。均憑館員公議。和衷共濟。

著譯凡例

一館員中專門碩學者宿。均稱協修。而著譯校讐。各從所長。

一自西學盛行於我國。於今三十餘年。其間譯述書籍。往往不免乖錯蕪雜。今本館著譯。折

衷碩學名士。鑒於從前得失。慎揀擇。審取捨。期使清韓兩國不承其弊。

一泰西之書。大抵繁瑣周密。其言不免冗複。若逐句譯出。反覺索然無味。使初學有望洋之歎。茲本館譯法。務取簡明。直譯難通者。迎意解之。句妥字適。明白曉暢。庶幾一讀得其要領。

一邦人譯西書。本無一定熟字。學者苦無所適從。本館先取妥當文字。譯所謂學術語者。分類別門。作爲字典。使兩國學者不迷多岐。

一本館經館友商量。以編著羣書外。兼應清韓官民之索。從事諸般譯述。

一 ○

彙報

白人經營

白耳時國君臣近有經略亞東之志。其國民所放支那之資本上於一百十二兆弗郎。卽如蘆漢鐵路明係其所辦。其志可謂不小矣。頃弗律悉府某刊行一旬報。題曰支那西伯利報。每月出二本。專述支那地理風俗產物商務等事項。以資於其國民考鏡云。又據二月二十

二 整理稿篇

【資料一ⓐ】

東洋開国商社々則

東洋開国商社々則

第一　本社ハ東洋開国商社ト稱スヘシ。

第二　本社ハ東京府下　　ニ設置シ、支社ヲ大坂神戸ニ分置シ、出張所ヲ清国上海及各地ニ設ケルヘシ。

第三　本社ハ我国産物ノ販賣ヲ盛大ナラシメントスルニアリ。清國及朝鮮国諸開港場ニ日本市街ヲ開キ、小賣ヲスルヲ目的トス。

第四　本社ノ株金ハ一株五円トス。一人ニシテ数株ヲ所有スルモ勝手タルヘシ。一期金壱円ツヽ拂込トス。

第五　本社ニ入社セント欲スル者ハ、資力アル者ハ資金ヲ出シ、物品（我国産ヲ云フ）アル者ハ物品ヲ以テシ、亦働力セントスル者ハ働力ヲ以テスルコトヲ得ヘシ。

第六　物品ヲ以テ入社スル者及ヒ其他入社ノ手續ハ、左ニ。

本社創業ノ際ニ尽力シ功労アル者、及ヒ永ク業務ニ従事シ功労アル者ニハ、社中協議ノ上、相當ノ株券ヲ附與スヘシ。又

国産物ヲ本社ニ預ケ、賣捌代金ヲ株金トナスコトヲ得ヘシ。又

諸物品ヲ本社ニ依托シ、右賣上金高ノ中、原價ヲ受領シ、残金潤量之分ヲ株金トスルヲ得ヘシ。

【資料一ⓑ】

善隣義会規則

善隣義會規則

第一　本會ノ大旨ハ、支那ヲ始メ廣ク隣国ニ交通シテ、共ニ道義ヲ循守シ、文明ヲ企圖シ、大ニ物品ヲ交易シ、国益ヲ長進スルニ在リ。

第二　本會ハ東京府下　ニ設置シ、支會ヲ大坂神戸ニ分置シ、出張所ヲ清国上海及各地ニ設ケルモノトス。

第三　本會ハ我国産物ノ販賣ヲ盛大ナラシメンガタメ、清國及朝鮮国諸開港場ニ日本市街ヲ開キ、一切諸物ヲ小賣ニスルヲ目的トス。

第四　本社ノ株金ハ一株五円トス。一人ニシテ数株ヲ所有スルモ勝手タルヘシ。一期ニ金壱円ヲ出スベシ。

第五　本社ニ入會セント欲スル者ハ、資力アル者ハ資金ヲ出シ、物品アル者ハ物品ヲ出シ、又働力セントスル者ハ働力ヲ以テスルコトヲ得ヘシ。物品ヲ以テ入會スル者及ヒ其他入會ノ順序ハ、凡

第六　本會創業ノ際ニ尽力シテ功労アル者及ヒ永ク業務ニ従事シ功労アル者等ニハ、會員協議ノ上相當ノ株券ヲ附與スヘシ。

第七　株金ハ国産物ヲ本會ニ預ケ、賣捌キタル代金ヲ株金ト爲スコトヲ得ヘシ。又諸物品ヲ本社ニ托シ、右賣上金高ノ中、原價ヲ受領シ、残金潤量ノ分ヲ株金トスルヲ得ヘシ。

【資料二】

善隣義会四規

善隣義会四規

第一規

本會大旨、在合我隣國人有志者、共講成德利用厚生之説。無内無外、一體平交、不存固我、相規相奨、以長智徳、以圖公益。

第二規

入此會者、各捐金多少、以為行善之資。其人不拘何種、皆可列會。其金皆托諸銀舗、從輿議决其使用法。如設學校聘賢士、編纂諸書、及招衆工、新興一切事業等項、議■既決、以従其事、則不復較其小利害。盖本為義擧、故不以小害廢大功也。編著諸書、及製造器物等、皆從會幹協議、減定價幾分、以交會員。

第三規

入此會者、欲其道德純粋、為内外人模範。虚心遜志、固其所宜、不得自尊自大、輕蔑外人。盖斯横目之族、而有頑陋難諭者、莫非吾黨分内之事、當諄々誘掖以庶幾其進開明之域。况於同文諸國之民乎。又不得軽侮先賢之言、攻擊異端之説。盖孔子之道至正至公、實為最上至極之訓典。吾黨遵奉不怠、所以體天心盡人職。而老聃釋迦、亦皆古之博大真人、其言不同、莫非因俗立教。吾儕後生當以意逆志、發其道法之妙、以救斯民於迷途也。故列此會者、毋論浮屠者流、皆必一體平交、要在磨練材德、以長公益。至於冠婚葬祭諸儀、皆要從古禮增損斟酌、務全其真、不得徒競虚美、耗散貨財及互相誹謗。

第四規

每月會同一次、始于午後一時、終于午後六時。必聘德望者為賓師、講論道藝、畢行饗禮。其餘並置一爵一肉、皆係自費。擇時價最廉能養體者、使數人料理之。不得強旁人飲、獻酬交錯。

【資料三】

善隣義会五規

善隣義會五規

一吾黨結社之意、在合我同文諸国人、有志於斯民者、與講天人之道、博修五洲之学。無内無外、一躰平交、不存固我、相規相奨、以長智徳、以圖公益、以固唇齒相保之勢、以尽同舟共濟之義。盖欲俾同文諸国人民、均躋開化之域、以永保天禄於亜細亜洲内、不得不從事於此。

一凡欲入此會者、各捐多少金、以爲行善之資。若其有志人、不拘何種、皆可得列于會。其保管資金者、必撰其人。至於使用方法、則社員投票、以決其可否。如設學校、營聖廟、聘賢士、招衆工、及発兌日報、編纂諸書、新興一切公益等項、議既決、以從其事、則不復較其小利害。盖本爲義擧、故不得以小害廃大功。

一凡入此會者、欲其道徳純粋、爲内外人模範。虚心遜志、固其所宜、不得自尊自大、輕蔑外人。盖斯横目之族、而有頑陋難諭者、莫非吾黨分内之事、則當諄々誘掖、以庶幾其進開明之域。況於亜細亜諸国同文同種之民乎。又不得輕侮聖賢之言、攻撃異端之説。盖孔子之道即天地之道、至正至公、至精至純、實爲最上至極宇宙第一之訓典。吾黨遵奉不怠、所以躰天心、尽人職。而老聃釋迦、亦皆古之博大真人、均爲亜細亜之精神。而其言之不同、畢竟因俗立教之故。吾儕後生、當以意逆志、発其道法之妙、以救斯民於迷途也。故入此會者、毋論浮屠者流、皆必一躰平交、唯在磨煉智徳、以成教于国。

一毎月會議一次、以第二日曜日爲之。始于午後一時、終於八時。置一爵一肉、若茶與煙草、從各人所欲。

一必有會長、姑且不定其人。假撰一名、總攝庶務。其諸員月俸、唯取其充衣食。俟有功效、乃論増俸。

監輔草

伏乞

大正

（重野安繹　三島毅　評語）

若其句、約作其人二字。〔黑筆〕

若夫一句削。種下、補人字。〔紅筆〕

虚心上、補故字。〔紅筆〕

学者不可無此天空海濶之量。〔紅筆〕

包括釈老、皆在我度内。議論更洪大、先獲我心矣。不得不加圈。〔紅筆〕

善隣義会、洵為盛挙。使彼此人士果行之、東洋全局之幸福也。但事極遠大、不能驟挙行。然人能存此遠志、蓄此偉畧、雖其事未行、亦為有益乎國家矣。

安繹妄評〔黑筆〕

〔「安繹妄評」之右〕中洲三島毅妄言〔紅筆〕

【資料四ⓐ】

善隣協会主旨〔第一稿〕

善隣協会主旨

清韓與我鼎立東亞、利害所關、有如唇齒輔車。三國同心戮力、平時則文獻相資、有事則緩急相濟、以厚隣交乎。雖泰西列強、孰敢侮之。若其不然、猜疑相鬩以失和親、則所謂蚌鷸之爭。爲漁人之利者。雖欲不胥及溺、得乎。自我国中世通好隋唐三韓以来、儒教東漸、盛行海内、典章文物、資于彼者極多矣。其德亦不可諼也。輓近風氣一變、泰西諸邦、文化興旺。我皇上登極之初、廣察宇内之情勢、取彼長補我短、鋭意革新。于茲三十餘年、遂得與歐美列國比肩駢鑣。而清韓兩國、墨守舊株、積衰不振。内憂外患、又相續起、殆有四分五裂之勢。不及今爲之計、恐至不可拯、而我國亦將受其禍。此憂國之士、所日夜寒心弗措也。於是志士慷慨決起、于新報于政論于通商于工務、會友訂盟、以講兩國之利害者、陸續相接。此時勢使之然也。雖然、持危扶顛、自有本末。想方今之事、更有最急者焉。夫兩國所以致今日之弊者、豈非以其尊内卑外、貴古賤今、而不曉當今形勢乎。果然、其匡救之道無他、在博採他邦之學術、以育其實才、旁求近世新説以啓其知見而已矣。而其法莫如譯術我

（中断）

【資料四ⓑ】

善隣協会主旨〔第一稿改訂稿〕

善隣協会主旨

清韓與我鼎立東方、利害所關、有如唇齒輔車。三國
同心戮力、當平世文獻相資、有事緩急相濟、則
雖泰西列強、孰敢侮之。若其不然、猜疑相鬩、
各自孤立、則是所謂唇亡齒寒者、不尤可畏哉。
我国創見最古、忠厚成風。而自中世通好隋唐三韓以来、儒教
盛行乎海内、典章文物、煙然修挙、其徳固
不可諼也。輓近風氣一變、泰西諸邦、文藝旺盛、有過東土哉。
皇上登極之初、廣察宇内之情勢、取彼之長、補我之短、鋭
意革新、于茲三十餘年、遂得與歐米列國比肩駢鑣。
而清韓兩國、陵夷不振、内憂外患継
起。或恐分崩離柝〔析〕、至不可收拾、遂外客乘釁、
而我國亦將大受其禍矣。此憂國之士之所日夜寒心弗措
也。於是乎奮然決起、于新報于政論于工商、
會友訂盟、以講兩國利害者、接踵相望。孰不謂兩國
尊内卑外、貴古賤今、而不知海外今日之形勢、所以致衰絀已甚
也。然而更
有一事尤急者焉。
博採他邦學術、以育其才能、旁求
近世新説、以宏其識量者是已。其法莫如譯術我

（中断）

【資料五ⓐ】

善隣協会主旨〔第二稿〕

善隣協会主旨

日清韓三國鼎峙東洋、以成唇車輔車之勢、彼此関係綦重且大矣。三國協和扶持、當平世文物相資、有事交相應援、以企圖富强也。泰西列國、何由得窺我釁隙、施其詐術焉。儻或不然、袖手冷眼旁觀、甚至猜疑反目、互相背馳唾棄、曾無之回顧乎。是所謂唇亡齒寒者、雖欲國之不滅、民之安居、得乎。是理勢之極易睹者也。我大日本帝國、自夙察宇内之大勢、務採泰西文物技藝、鋭意規圖革新。以來三十餘年、于茲幸獲與歐米列國比肩駢鑣。而清韓両國、積衰不振、内憂外患、相因婁臻、殆有分崩離柝〔析〕之勢。不及今爲之計、恐至不可收拾、而我帝國亦從之、必受其禍矣。是憂世之士之所寒心弗措也。於是有志士攘臂而興者、接踵相望。于新報于學校于政事、訂盟立約、以爲両國謀、夫豈得已乎。此種事業、固爲今日急務、不得缺一、而又自有尤急者焉。彼両國所以致有今日之危者、豈非以咀嚼古道而不通時變、墨守舊染陋規而不達今日文化乎。苟欲匡救之、非據泰西新説啓発其知見、不可。而據西説発知見、莫若擇其易通之書、著譯述以授之。彼既具文明之知識、通今日情況、則舊染污俗自消、革新之實日擧、而富强之功可坐而致也。故今日爲両國計者、莫急於譯述西書徧授其國人。本會欲專當此任、以啓迪両國士庶。此所以順氣運適時勢、即所以代國家、盡操觚之責也。

附言

本會本屬純然學問教育之團隊、絶無與政事相關。官民一躰、内外無別、凡爲學術投資金以賛襄此業者、盡称會友。且使服勞者、收若干報酬價銀、不附別式名目。立幹事二名、書記數名、執掌事務。不置會長

總理等、從會友公論而措辦之。

創設之際、募資金於官民、以刊行一切書籍。至普及清韓士庶之後、儲其所得、以維持本會、傳諸永世。

譯述方法

一　一定譯字、逐次編成字書。

一　泰西之書、率皆引用過繁、其言不免冗漫、動輒累千万言。初学者茫洋殆乎無由津涯。本會務節約之、庶乎一讀得其要領矣。

一　會友必以專門學士一世所推者爲之。凡有所譯述、必使其仔細点閲、以期不致誤謬、然後刊行之。

【資料五ⓑ】

善隣協会主旨〔第二稿改訂稿〕

善隣協会主旨

日清韓三國鼎峙東方、以成唇齒輔車之勢。彼此関係、綦重且大矣。三國協和扶持、當平世文物相資、有事交相應援、以規圖富强也。泰西列國競試暴威者、何由得窺我釁隙、施其詐術焉。若其不然、或冷眼旁觀、或袖手不顧、如四躰麻痺不知痛痒者、或猜疑反目、互相唾棄、而各自孤立乎。是所謂唇亡齒寒者、雖欲國之不滅、民之安居、得乎。是理勢之極易睹者也。我大日本帝國、自古忠厚成俗、孝敬無二。及應神朝、儒教東漸、周孔大道、秩然章明、國家名分大修。孝徳天智朝、取長隋唐、百度燦然可觀。而後世陵夷者尚矣、可不慨哉。至今上御宇、鑒乎皇祖皇宗之遺訓、夙察宇内大勢、務採泰西文物技藝。自此以來、鋭意革新、三十餘年、幸獲與歐米列國比肩駢轡。而清韓両國、積衰不振、内憂外患相因、災害荐臻、殆有分崩離柝〔析〕之勢。不及今爲之計、恐至不可收拾、而我帝國亦將受其禍矣。是憂世之士之所寒心弗措也。於是有奮然攘臂而興者、接踵相望。于新報于教育于政論、訂盟立約、以爲両國謀、夫豈得已乎。此等事業、固爲今日急務、不得廃一。而又有尤急者焉。彼両國所以致有今日之厄者、豈非以咀嚼古義而不察時变、墨守歴代陋規而不知近世文化乎。苟欲匡救之、非據泰西新説、啓蒙訂頑、以養其知思、不可。其法莫若擇西書易通者、譯述以授之。彼知識日新月進、漸通各國今日之情、則舊染汚俗、自然消靡、而文明富强之功、可坐而致也。故今日爲両國計者、莫急於譯述西書徧授其國人。本會欲専當此任、以啓迪両國士庶、所以順氣運適時勢、即所以代國家盡職分也。

附言

本會本屬純然學問教育之團隊、絶不與政事相関。官民一例、内外無別、有爲學術投資金以賛襄此挙者、盡列會友。且使服其勞者、收若干報酬價銀。立幹事二名、書記數名、整理事務。不置會長

總理等、從會友公論而措辦之。
創建之際、募資金於官民、以刊行一切書籍。至徧敷
清韓士庶之後、儲其所得、以維持本會、傳諸永世。

譯述方法

一　一定譯字、逐次編成字書。

一　泰西之書、率皆引用過多、其言不免冗漫、動輒累千万言。初学者茫洋殆乎無津涯。本會務節約之、庶乎一讀得其要領矣。

一　會友以專門學士一世所服者爲之。凡有所譯述、使其仔細点閲、以期不致誤謬、然後刊行之。

（頁上所書）

周孔之道、終古不磨、如日星麗乎天。而其政術与時変化、以不可易已。彼両国之民、拘泥末節而昏於爲政。生今之世、反古之道、宜乎其致有今日也。

【資料六ⓐ】

善隣協会主旨〔第三稿〕

善隣協会主旨

日清韓三國鼎峙東方、以成唇齒輔車之勢、彼此關係綦重且大矣。三國協和提挈扶持、當平世文物相資、有事互相應援、以規圖富強也、泰西列国逞暴威者、何由得窺我釁隙、施其詐術焉。若其不然、或冷眼旁觀、或袖手不顧、如四躰麻痺不省痛痒者、或猜疑反目唾棄、而各自孤立乎。是所謂唇亡齒寒者、雖欲國之不滅、民之不殲、得乎。是理勢之極易睹者也。我大日本帝國、自古忠厚成性、孝敬無二。及儒教東漸、周孔大道、秩然章明、國家名分大修。孝德朝、取長隋唐、百度燦然可觀。而後世風化陵夷者尚矣、可不慨哉。至今上御宇、鑒于祖宗之遺訓、夙察宇内大勢、務採遠西文物技藝。自此以來、鋭意革新、三十餘年、幸獲與歐米各國比肩駢轡。而清韓兩國、積衰不振、內憂外患相因、災害荐臻、殆有分崩離柝［析］之勢。不及今爲之計、恐至不可收拾、而我帝國亦將受其禍矣。是憂世之士之所寒心弗措也。於是有奮然攘臂而起者、接踵相望。于新報于教育于政論、訂盟立約、以爲兩國計、夫豈得已乎。此等事業、固爲今日急務、不可廢一、而又有尤急者焉。彼兩國所以致有今日之難

（中断）

【資料六ⓑ】

善隣協会主旨〔第三稿改訂稿〕

善隣協会主旨

日清韓三國鼎峙東土、其勢相関、有類唇齒輔車。
三國一心協和扶持、當平世文献往来相
資、一旦有事、彼此策應救援也、雖有强暴者、
悪得乗我釁隙焉。若其不然、或冷眼
旁観、或袖手不問、如四躰麻木不省痛痒者、或猜疑
反目唾罵、而各自孤立獨行乎。是所謂唇亡齒寒者、雖欲
國力旺盛、民物康阜、得乎。是理勢之極易睹者也。我
大日本帝國、自古忠孝成性。
周孔名教、秩然大修。通好隋唐、情交甚密。西南諸国莫不來王。
而後世風化萎靡不振者、千有餘載矣、是果誰之過也。
及今上明治御宇、廣察宇内形情、網羅
遠西文藝、鋭意革新、三十有餘年、纔
獲與歐米各國比肩駢轡。雖因天皇聖明、臣民奉行不怠、抑亦祖
宗英霊使之然也。而清韓両國積衰不起、内
憂外患相因、殆有四分五裂之患、未審彼国臣民誰能糾合之者
也。不及今
爲之計、恐至不可收拾、而我帝國亦將大受其災矣。此
憂世之士之所寒心弗措也。於是有奮然攘臂決起
者、接踵相望。于新報于教育于政論、訂盟立約、以爲
彼我計、夫豈得已乎。此等事業、固爲今日急務、不可
廃一、而又有尤急者焉。彼両國所以致有今日

（中断）

【資料七ⓐ】

善隣協会主旨〔第四稿〕

善隣協会主旨

日清韓三國鼎峙東土、其勢相關、有類唇齒輔車。三國一心協和扶持、當平時文献往来相資、有事彼此策應接済也、虽有強暴者、悪得遽窺我釁隙焉。若其不然、或冷眼旁観、袖手不問、如四躰麻木之人、未曾省一身痛痒、或猜疑反目唾罵、而各自孤立獨行乎。是所謂唇亡歯寒者、虽欲國勢不動、民物康阜、得乎。我大日本帝國、自古忠厚成性、孝敬無二。周孔名教、秩然大修。通好隋唐、情交甚密、西南諸蕃莫不来王。而後世風教萎靡不振者、千有餘載矣、是果誰之過也。及今上明治之初、廣察宇内情勢、網羅遠西文藝、鋭意革新、励精圖治、于玆三十有餘年、纔獲與歐米各國比肩駢轡。虽藉君徳聖叡、臣民奉行匪懈、抑亦祖宗使之然也。而清韓両國積衰不起、内憂外患相因、殆有四分五裂之勢、未審彼国臣民誰能救回之者也。不及今爲之計、切恐至不可收拾、而我帝國亦將大受其禍矣。是憂世之士之所寒心弗措也。於是有奮然攘臂決起者、接踵相望。于新報于教育于政論、訂盟立約、以爲彼我計、夫豈得已乎。此等事業、固爲今日急務、不可廢一、而又有尤急者焉。彼両國所以致有今日者、豈非以其食古不化、固陋自廿、而不知今日爲何如世界乎。周孔大訓、終古炳焉、如日月麗乎天。而其政術與時変化、不可易已。両國之人、拘泥末節、昏乎爲政、生乎今之世、反古之道。宜乎其致衰絀日甚也。苟欲匡救之、非據泰西新説、啓蒙訂頑、以長其知見、不可。而其法莫如擇西籍易通者、譯述以授之。彼知識日進、漸通各國今日之情、則舊染汚俗、自然氷消。而富強文明之功、可翹足而竢、其勢將見一變至於古昔盛代。西北諸国、斂衽聽命、其所以裨益我國風教者、可勝言哉。今日爲清韓慮、莫急於譯述西籍、偏授其國人。吾黨欲當此任、以效報國孤忱、是所以有本會之設也、亦悪可已乎哉。

附言

本會係學問教育一邊、絶不與政論相關。官民一例、內外無別、有投資金以賛襄此举者、無清韓人、尽列會友。且使服其勞者、收若干酬銀。立幹事二名、書記數名、整理事務。不置會長總理等、從會友公論而措辨之。

創建之際、募資金於官民、以刊行一切書籍。竢徧布清韓士庶之後、漸儲其所得、以維持本會、傳諸永世。

【資料七ⓑ】

善隣協会主旨〔第四稿改訂稿〕

善隣協会主旨

日清韓與我鼎峙東方、利害相關、有類唇齒輔車。三
國一心協和、當平世文献往来相資、有事竭力相扶
持也、雖有强暴者、悪得逞其毒噬焉。若其
不然、或冷眼旁観、袖手不問、如麻木人不
省痛痒、或彼此猜疑睨々側目、而各自孤立惸々孑然乎。則
是所謂唇亡齒寒者、虽欲其不淪胥、得乎。
我大日本國、自上世習尚忠厚、渾樸自然。及与三韓隋唐交通、
周孔名教東漸
文物燦然其備
其徳固不可諼也。嗣後風化萎靡者、殆一千載、得非以学者流無
人乎。
及今上登極之初、遠覧宇内氣運進化之状、網羅泰西各国之百科
學藝、
取長補短、無所不至。鋭意革新、励精圖治、于兹三十有餘年、
幸獲與歐米
列強比肩駢轡。而清韓両國、積衰不振、與我国中古一揆、加之
以有外患、
殆有四分五裂之勢、何人能爲之
者。切恐致有封豕長蛇、乘其釁隙、而我帝國亦
將大受其禍矣。一念及此、可爲痛憤流涕長大息也。於是
有志士奮然決起者、前後接踵相望。于新報于教育于政
論于通商、訂盟立約、以爲両国慮、安可已也。此等事業、固
爲赴時急務、而又有一種尤急者焉。熟思両國所
以致有今日之状者、豈非以其食古不化、固陋自甘、而不
察知輓近各國爲何情態乎。周孔訓典、終古炳焉、如日月
麗乎天、而其政術與時変化者、固不可易已。両國學者、拘
泥末節、昏乎爲政、生乎今之世、反古之道。宜乎其致
衰絀日甚也。苟欲匡救之、非據今世説
譯述
以長其知見、不可。而其法莫如檢我国暨泰西典籍有用者、逐次
以授之。彼既通各國今日之情、則舊染污
俗、自然氷消、而富强文明之功、可翹足而竢。

其所以
裨益我國風教者、果何如哉。
吾黨欲當訳述之、以洽同文之慶、
是所以有本會之設也。切望博雅賛襄、不勝區々憂國之至情。

附言

本會専主教学一邊、不與政論相關。官民一例、內外無別、有投資金以賛襄此挙者、無清韓人、尽列會友。且使服其勞者、收若干酬銀。常立幹事二名、書記數名、整理事務。不置會長總理等、凡事従會友公論而措辦之。

設會之初、募資金於官民、刊行一切書籍。及徧布清韓士庶、漸儲其所得、以維持本會、傳諸永世。

【資料八ⓐ】

善隣協会主旨〔第五稿〕

善隣協会主旨

清韓與我鼎立東方、利害所關、有類唇齒輔車。三國一心協和、當平世文献往来相資、有事竭力相扶持也、虽有强暴者、悪得遽逞其毒噬焉。若其不然、或冷眼旁観、袖手不問、如麻木人不省痛痒、或彼此猜疑、睍々相讒、而各自孤立孑然乎。則是所謂唇亡齒寒者、雖欲其不淪胥、得乎。我大日本國、自上世習尚忠厚、渾樸自然。及與三韓隋唐交通、周孔之教東漸、典章文物、燦然修飭、其徳固不可諼也。爾後風化陵替者、殆一千載、非以學者無其人乎。今上登極之初、遠覧宇内氣運進化之状、網羅泰西各国之百科學藝、取長補短、鋭意革新、于玆三十有餘年、幸獲與歐米列强比肩駢轡。而清韓両國、積衰不振、與我中世一揆、加之以内憂外患、殆有四分五裂之勢、未審何人能爲之者。切恐致有封豕長蛇、乘其釁隙、而我國亦將大受其禍矣。一念及此、可爲痛憤也。於是有志士奮然決起者、前後接踵相望。于新報于教育于政論于通商、訂盟立約、以爲両国慮、夫豈得已乎。此等之事、固爲赴時急務、而又有一事尤急者。熟思両國所以致有今日之患者、豈非以其食古不化、固陋自甘

（中断）

【資料八ⓑ】

善隣協会主旨〔第五稿改訂稿〕

善隣協会主旨

清韓與我鼎立東方、利害所關、有類唇齒輔車。三國一心協和、當平世文献往来相資、有事竭力相扶持也、虽有强暴者、悪得遽逞其毒噬焉。若其不然、或冷眼旁観、袖手不問、如麻木人不省痛痒、或彼此猜疑、睨々相讒、而各自孤立孑然乎。則是所謂唇亡齒寒者、雖欲其不胥及溺、（得）乎。我大日本國、上世風習尚忠厚、渾樸自然。及與三韓隋唐交通、周孔之教東漸、典章文物、燦然修飭、其徳固不可諼也。嗣兹以降、風化陵替者、殆一千載、非以學者不得其人乎。今上登極之初、遠覧宇内氣運進化之状、網羅泰西各国之百科學藝、取長補短、鋭意革新、于兹三十有餘年、幸獲與歐米列强比肩駢轡。而清韓両國、積衰不振、與我中世一轍、加之以内憂外患、殆有四分五裂之勢、未審何人善爲之者。切恐致有封豕長蛇、乘其釁隙、而我國亦將大受其禍矣。一念及此、可爲深慨痛憤也。於是有志士奮然決起者、前後接踵相望。于新報于教育于政論于通商、訂盟立約、以爲両国慮、夫豈得已乎。此等之事、固爲赴時急務、而又有一事尤急焉者。熟思両國所以致有今日之患者、豈非以其食古不化、固陋自甘

（中断）

【資料九ⓐ】

譯述方法〔甲稿〕

譯述方法

一　一定譯字、逐次編成字書。

一　泰西之書、率皆引用過多、其言不免冗漫、動輒累千百言。初學茫洋殆乎無津涯。本會務節約之、庶乎一讀得其要領矣。

一　會中必有專門學博一世所推服者。凡所譯述、使其仔細閲讀、以期不致舛誤、然後刊行之。

一　西學行於我國、于今數十年。其間往々顛倒秩序、輒致先高深後卑淺、甚至不辨我國體何如。而先講共和革命等書、其流毒天下、亦不淺尠矣。本會譯書、就正有道碩學、鑒乎三十年間得失、撰擇不苟、秩序嚴正、使兩國臣民、無踏我之覆轍。

一　本會本旨、在於自己撰擇編著。然亦兼應兩國人請、譯述諸書。

【資料九ⓑ】

譯述方法〔甲稿改訂稿〕

譯述方法

一 一定譯字、逐次編成字書。

一 泰西之書、引用過多、其言不免冗漫、動輒
累千百言。初學茫然、如濟大水無津涯。本會務節約
之、無不簡明切當、庶乎一讀之下、得其要領者矣。

一 本會立專門碩學、立論精微、一世所服者爲賓師。每有譯述、
使其仔細閲讀、以期一語無誤、然後刊行之。

一 自西學大行於我國、于今三十年。其間訳述極多、往々紊乱
蕪雜無次、
動輒先高深後卑淺、甚至不問我國軆。
先訳革命等書、其流毒国内、亦不淺尠
矣。本會譯書、誓就正有道先生、不許輕俊子弟容易容喙。鑒
乎三十年間得失、
以要撰擇精當、秩然有條不紊、使清韓臣民、無踏我之覆轍。

一 會之大旨、在於自己撰擇編著。然亦兼應両國
人請、譯述諸般要書。

【資料十】

譯述方法〔乙稿〕

譯述方法

一　譯述西籍、本有一定熟字。率係我國先輩所撰、不知果當否。今従之、編成字書、其下附以原語、使清韓人檢其當否、従心所安、自取捨焉。

一　泰西之書、引用過多、其言不免冗漫、動輒累千百言。初学茫然、如済大水無津涯。本會務節約之、莫不簡明切當、庶乎一讀之下、得其要領者矣。

一本會立專門碩學、立論精微、一世所推服者爲賓師。每有訳述、使其仔細閲讀、以期一語無誤、然後刊行之。

一　自西学盛行乎我国、于今三十年。其間訳述極多、往々紊乱蕪雜、動輒先高深後卑淺、甚至不問我国躰。而先訳革命等書、其流毒國内、亦不淺尠矣。本會訳書、誓就有道先生、不許輕俊才子容易評隲。鑒乎三十年得失、以要撰擇精當、秩然有條不紊、使清韓臣民、無踏我之覆轍。

一　會之本旨、在於自己撰擇編著。然亦兼聽清韓人所請、譯述諸般必需之書。

【資料十一ⓐ】「無題文書」

第一則

本會講学、一以孔子爲宗。毋論何種何学之人、皆得入會。然其授業生徒、以程朱為準則。

第二則

本會不禁外国人入會。然不許評両国政事之得失。違者斥之。

第三則

本會不置會頭。立會監數人、每月定期集會、講道評文、坐無尊卑之別、特分長幼。

第四則

本會立客員、係專賛成本館者。

第五則

入會必納金若干、以充出□□費。書成則減定價三分以交付之、著書不滿□意、則以金易之。

第六則

會員有好書裨益世教者、附意見送本會、則會員協議出金発兌。得償原金以上、乃分其利、附十分之二於其人、收其八於本會。其係數人或一人出金者、亦從本會斡旋。償原金以上、附十分之八於出金者、附其二於總會。若夫自著之書、本會出金上梓者、必分其所得之四、而本會收其六。

第七則

本會編次雜記、自第一集始。而其至第十集幾百集止、則未可豫知也。要每一集爲一部、不嫌前後不倫。

雜記所載、皆古今文詩、係社友平日所珍、或加評註或旁訓、無定例、使人一讀爽快。如社友有異聞奇話新説及翻訳新聞之作、亦必從協議。虽生徒所作之文、其有補于世教者、詳加删正而登録焉。

第八則

本會所著書籍、本會自任板権。内外国人、相約以保其権。

第九則

内外国人、合爲一徒、以信義爲第一、不得一相欺罔祖庇。如會員賣買諸物、皆監察之、收利有常度、從公而定之、登記諸簿、以杜罔蔽。

第十則

本會立発起若干人、任一歳房價諸費。

第十一則

置活板局於上海、印刷好書。遣數人、監修之。

【資料十一ⓑ】

「無題文書」〔改訂稿〕

第一则

本館講学、一以孔子爲宗。明辨君臣父子之大倫、敬師尊道、正心術飭品行、重礼讓主忠信。毋論何種何学之人、皆得入會。然其授業生徒、率以程朱為準則。

第二则

学校立教師幹事、更置特别教員。期幾時間、教授生徒。

第三则

生徒卒業限三年、附之証書。其学科分六等、講讀以聖經国史爲主。

第一年經学先教孟子、次論語。歴史先教讀史餘論、国史紀事本末、次左傳。文章先教唐宋八家、次杜詩。

第二年經学先教学庸、次詩經。歴史先教日本紀、續日本紀、次戦国策。文章先教荀子、次管子。

第三年經学先教書經、次周易。歴史先教史記、次令義解。文章先教韓非子、次荘子。

第四则

泰西訳書、可講者甚多、不妨渉獵。然要与聖經大旨不相悖、率待教師品評而講讀之。

第五则

本館不禁外国人入會。然以重国体報国家爲至要、不許評論彼此政事之得失、違者斥之。

第六则

本館不置會頭。立會監數人、毎月定期集會、講道評文、坐無尊卑、特分長幼。

第七则

本館立客員、係專賛成本館者。

第八则

入會納金若干、以充著述諸費。書成則減定價三分以交付之。

第九则

會員有好書裨益世教者、附意見送本館、則會員協議、出金上梓発兌。

能償原金以上、乃分其利、附十分之二於其人、收其八於本館。

其係數人或一人出金上梓者、亦從本館周旋発兌。能償原金以上、

乃分其利、配十分之八於財主、收其二於本館。若夫自著之書、本館出金上梓者、竢其能償原金、必乃分所得之利、配四於著撰者、收六於本館。

第十則

本會編次雜記、登録古今文詩、社友平日所劇賞者、或加評註或旁訓、無定例、使人一讀爽快、道理躍々然而出。如社友有異聞奇話新説、亦必従協議、開載登録。虽何人所作、其有補于世教者、皆竢其請正而登記焉。

自第一集始、而每一集爲一部、不嫌前後不倫。

第十一則

本會所著書籍、本會自任板権。内外国人、相約以保其権。

第十二則

内外国人、合爲一徒、以信義爲第一、不得一相欺罔。如會員賣買諸物、亦皆監察之、收利有常度、従公而定之、登記諸簿、以杜罔蔽。

第十三則

本會立発起若干人、任一歳房價諸費。

第十四則

置活板局於上海、印刷好書。遣數人、監修之。

第十五則

本館務与清国人立約相保、要在厚信義以便両国。如買地基於上海等處、列我房屋、以充邦人寄寓、及設博物観、以供清客縦観、洵爲本旨所在、未可与昧者言以致其嗤耳。

第十六則

本館同志創業者、曰有井範平、曰大石秀實、曰丹羽忠道、曰岡本監輔、曰秋永蘭二郎、曰大野大衛、曰谷口俊四郎、曰椿時中、曰日下寛、曰植松彰……、均任著述教授。今後有入會者不厭多、要従創業者協議、不許浮躁人攪擾。

第十七則

本館現今要出板者、万国通典、列国史鑑、明治字典、皇国文藝傳、国士美談、言行類纂諸書。或既脱藁、或未脱藁、均従協議、先後着手。苟有善著書可急者、不拘何人所作、一体妥議。

【資料十三ⓐ】

善隣學會規約書

善隣學會規約書

第一條　本會ヲ善隣學會ト称スルハ、四隣ニ交際スルニ親善ノ心ヲ失ハズ、信義ヲ講シ禮節ヲ厚クシテ、太平ヲ永遠ニ維持スルヲ以テ第一ノ目的トスルガタメナリ。

第二條　本會ハ本局ヲ東京ニ設ケ、其旁ニ學舍ヲ營ミ、人生普通ノ學科ヲ教育シ、四隣ニ向ヒテ競争進取スルノ材藝ヲ成就薫陶スルヲ最急ノ務トシ、漸ク支會ヲ隣国ニ設クルモノトス。

第三條　本會學校ニテ教ユル所ノ倫理修身ハ、孔孟ノ教理ニ本ツキ、至誠無息ノ道ヲ大基礎トシテ日用實際ニ應用セシメテ、漢土古昔ノ制度風俗慣習等ニ拘ラズ、更ニ理學數學躰操等ヲ泰西ニ取リテ、實功ヲ奏セシムルモノトス。

第四條　本會学校ニハ朝鮮支那魯西安南暹羅等ノ差別ナク、學ニ入ラント欲スルモノアレバ、國法ニ従ヒテ悉ク之ヲ許容シ、勉學ノ便利ヲ與フルモノトス。

第五條　外人ノ本會學校ニ入ラントスルモノ、邦人ノ支會學舍ニ入ラントスルモノアルトキハ務メテ之ヲ周旋シ、其欲スル所ノ学ヲ修セシム。學暇ニ出テヽ業ヲ營ムモ、国法ニ違ハザル已上ハ毫モ妨ゲナキモノトス。

第六條　学校ノ授業料及ビ飯費雑費等ハ、□ラ世間普通ノ法ニ準ズ。一科又ハ二科ヲ修スルニ止マルモノハ、幾分ヲ減スルコトモアルベシ。

第七條　本會ニテハ正義公論ヲ主張シテ俗論ニ従フコトヲ要セズトイヘトモ、國法ニ矛楯スルノ挙動アルヲ許サズ。其人ニシテ非挙アルモノハ本會ノ與リ知ル所ニ非ズ。

第八條　本會学校ノ生徒ハ、實践ヲ主トシテ空言ヲ貴バズ。朝ハ六時ヨリ起キ、食ハ七八分ニテ足ルヲ習慣トシ、悪衣悪食ヲ耻ヂズ。節□ニ居ルヲ本分トシ、學暇モテ事業ニ従事スルハ、何等ノ賤業トイヘトモ妨ゲナカルベク、人品ニ善悪アリテ事業ニ貴賤ナキヲ知ランコトヲ第一ノ要緊トス。

第九條　學校生徒ハ規律ヲ嚴守センコトヲ要シ、一團結ヲ成シテ運動スルノ習慣アランコトヲ要ス。心思ノ自由ハ各人ノ欲スル所ナリトイヘトモ、國家ノ公益ニ供スルノ義務アルヲ忘ルベカラズ。

第十條　本校ノ教育ハ時弊ヲ察知シテ世用ニ適スルニ在リ。修身ノ一科ハ忠孝ヲ一致シ性習ヲ明辨シテ、本末軽重ノ當ヲ失シ支離滅裂ノ患アルコトナカラシムベク、文章ハ達意ヲ以テ主トシ言文一致センコトヲ要シテ、徒ニ文章規範等ニ就キ諸般ノ文法ヲ講ズルガ如キ愚ヲ取ラザルモノトスルガ如シ。蓋シ世ノ曲學迂儒ガ人ヲ教ユルノ弊ハ、却テ人ヲシテ愚痴セシムルモノアリ。本會ハ務メテ之ヲ矯正スルモノトス。

第十一條　本館学校ハ師弟ノ礼節アランコトヲ要シ、初ヨリ約ヲ立テ、弟子ノ學校ヲ視ルコト逆旅ノ如クニシテ、意ノ欲スルマヽニ進退スル風アルヲ許サズ。師タルモノモ礼節ヲ守リテ世ニ範スベシ。弟子ノ意ニ満タザル所アルハ之ヲ指陳シ、過タルヲ知ラバ従ツテ改ムベキ工夫アルベキモノトス。

第十二條　先生ノ相接スルニハ、知徳ヲ洗練シ学識ヲ長養スルヲ以テ主トシ、互ニ師トナリ弟子トナルノ心得アランコトヲ要ス。過ヲ遂ゲ非ヲ飾ルノ己ニ益ナク人ニ益ナキヲ知ルベシ。国家有用ノ大人物トナランコトヲ目的トスベシ。

第十三條　本會ニテハ、日曜日ゴトニ有志人ヲ招聘シテ内外古今ノ事情ヲ演説シ、實際ニ經験シ得タル事業ヲ講述シテ雜誌モテ発行スルコトアルベク、或ハ講議録ヲモ発刊スベシ。生徒ノ作文ニ屬ストイヘトモ、果シテ實用アルモノハ削正ノ文ヲ旁ニ附加シテ之ヲ発刊シ、世人作文ノ便ニ供スルコトアルベシ。

第十四　本會ハ永遠ノ志ニ出ツルヲ以テ今ヨリ之ヲ発起シ、漸ク篤志ノ人物ヲ合シテ此ニ従事シ、有力者ノ賛成ヲ得テ實際ニ従事スルモノトス。

第十五條　本會ニハ特別會員、名誉會員ヲ置ク。特別員ハ本會ヲ監視スル責アリ。名誉會員ハ若干金銭ヲ納ルヽコト數月、又ハ數年ニ至リ、本會ヲ維持スルモノトス。

【資料十三ⓑ】

善隣學會規約書〔改訂稿〕

善隣學會規約書

第一條　本會ヲ善隣學會ト称スルハ、四隣ニ交際スルニ仁善ノ心ヲ失ハズ、信義ヲ講シ禮節ヲ厚クシテ、太平ヲ永遠維持スルヲ以テ第一ノ目的トスルガタメナリ。

第二條　本會ハ本局ヲ東京ニ設ケ、其旁ニ學舎ヲ營ミ、普通ノ學科ヲ教育シ、四隣ニ向ヒテ競争進取スルノ材藝ヲ薫陶スルヲ以テ最上急務トシ、性ノ近キ所ニ従ヒテ各學ヲ講セシメ漸ク隣国人ヲ諭シ、支會学舎ヲ設ケテ彼此互ニ往来シ、智識ヲ交換シ、文明ヲ励翼スルモノトス。本支ノ名称ハ此ノ如シトイヘトモ、支那朝鮮諸国ヨリ言フトキハ、我ヲ以テ支會支学トスルヲ妨ゲナキモノトス。

第三條　本會學校ニテ教ユル所ノ倫理修身ハ勅語ニ本ツキ、周孔ノ教理ニ據リ至誠無息ノ大道ヲ発揮シ、日用實際ニ應用セシメテ古昔ノ制度風俗慣習等ニ拘泥セズ、更ニ理學數學語學及ビ兵式躰操等ヲ泰西ノ長スル所取リテ實用ノ材徳ヲ成就ス。教授書目ノ如キハ別ニ之ヲ定ムルモノトス。

第四條　本會学校ハ朝鮮支那魯西安南暹羅諸国人ノ差別ナク、凡ソ子弟ノ學ニ入ラント欲スルモノアレバ、國法ニ従ヒテ悉ク之ヲ許容シ、學修ノ便ヲ與フルモノトス。

第五條　外人ノ本會學校ニ入ラントスルモノ、邦人ノ支會學舎ニ入ラントスルモノアルトキハ務メテ之ガタメ周旋尽力シ其欲スル所ノ学ヲ修セシム。學暇ヲ以テ事業ヲ營ムガ如キモ、国法ニ違ハザル已上ハ毫モ妨ゲナキモノトス。

第六條　外國学生ハ務メテ之ヲ保護シテ懇親ノ實ヲ表センコトヲ要シ、病氣等アルトキハ教師常ニ之ヲ監視シ、内國生徒ノ学ニ在ルモノヲシテ交番ニ看護シ、已ムコトヲ得ザルニ至レバ、財ヲ分ツテ救助スルコト

アルベキモノトス。然レトモ學ニ入ルニハ初ヨリ證人ヲ立ツル例アルコトナレバ、是ハ實ニ非常ノ事ト知ルベシ。

第七條　学校ノ授業料及ビ飯費雑費等ハ世間普通ノ法ニ準シ、其尤モ便ナルモノニ従フ。一科又ハ二科ヲ修スルニ止マルモノハ、酬銀ノ幾分ヲ減スルコトモアルベシ。

第七條　本會ニテハ正義公道ヲ主張シテ俗論ニ従フコトヲ要セズトイヘトモ、國法ニ矛楯スルノ挙動アルヲ許サズ。各個人ノ過挙アルモノハ、其人ノ自由ニ屬スルモノトイヘトモ、教師ノ常ニ監察シテ其過ヲ致サヾランコトヲ要ス。果シテ非挙アルニ至ルハ、本會ノ與リ知ル所ニ非ズ。

第八條　本會学校ノ生徒ハ實践ヲ主トシテ空言ヲ貴バズ。朝ハ六時ヨリ起キ、食ハ七八分ニシテ止ムヲ常トシ、悪衣悪食ヲ生徒ノ本分ナリト覚悟シ、徒ニ一物ヲ暴殄スルノ天地間ノ大罪人タルヲ知ランコトヲ要ス。學暇モテ事業ニ従事スルガ如キハ、農賈商賈ハ言フモ更ナリ、何等ノ賤業トイヘトモ妨ゲナカルベシ。品行ニ善悪アリテ事業ニ貴賤ナキヲ知リ、實知ハ實験ニヨリテ生スルモノタルノ理ニ精通センコトヲ要ス。

第九條　學校生徒ハ規律ヲ嚴守スルヲ以テ報国第一ノ緊要トシ、一團隊ヲ成シテ運動スルノ習慣アラシメ、一事業ヲ起ストイヘトモ、本會ノ認メテ是トスルモノハ分ニ随ヒ財ヲ分ツテ之ヲ賛襄センコトヲ要ス。果シテ然ラ[ン]ニハ衣食ノ節制ノ要用タルヲ知ルベキナリ。心思ノ自由ハ各人ノ欲スル所ナリトイヘトモ、國家ノ公益ニ供スヘキノ義務ニ應スルハ、團隊ノ必要ナルニ如カザレバナリ。

第十條　本校ノ教育ハ時弊ヲ察知シテ世用ニ適スルニ在リ。修身一科ノ如キハ忠孝ヲ一致シ性習ヲ明辨シテ、本末軽重ノ當ヲ失シ支離滅裂ノ患アルコトナカラシムベク、文章ノ如キハ達意ヲ以テ主トシ、徒ニ文章規範等ニ就キ文法ヲ講ズルガ如キ愚ヲ取ラザルモノトスルガ如シ。其佗ノ科学モ一偏ニ辟シ雷同附和スルノ累ナキニ非ズ。蓋シ世ノ末學迂儒ガ人ヲ教ユルノ弊ハ、却テ人ヲシテ愚痴ナシムルモノアリ。本會ハ務メテ之ヲ矯正スルモノトス。

第十一條　本館学校ハ師弟ノ間ニ礼節アランコトヲ要シ、

子弟ノ學校ヲ視ルコト逆旅ノ如キ風アルヲ許サズ。師タルモノモ礼節ヲ守リテ世ニ範スベシ。弟子ノ意ニ満タザル所アルハ、之ヲ指陳シ過タルヲ知ラバ、従ツテ改ムル工夫アルベキモノトス。傲頑ニシテ過ヲ聞クコトヲ欲セザル先生ノ如キハ、初ヨリ之ヲ聘セズ。誤リテ聘ストセバ、協議シテ之ヲ斥クルモノトス。怠惰浮薄ニシテ敗俗ノ徒タルヲ免レザル輩ハ言フモ更ナリ。

第十二條　先生ノ相接スルニハ知徳ヲ洗練シ学識ヲ長養スルヲ以テ主トシ、互ニ師トナリ弟子トナルノ心得アランコトヲ要ス。

過ヲ遂ゲ非ヲ飾ルノ己ニ益ナク人ニ益ナキヲ知リ、衆知ヲ一身ニ集メテ国家有用ノ大人物トナラントスル工夫ニ怠ルベカラザルモノトス。

第十三條　本會ニテハ日曜日ゴトニ有志人ヲ招聘シテ内外古今ノ事情ヲ演説シ、實際ニ經験シ得タル事業ヲ講述セシメ、従ツテ雑誌ヲ発行スルコトアルベク、或ハ講議録ヲモ発刊スルコトアルベシ。生徒ノ作文ニ屬ストイヘトモ、果シテ實用アルモノハ、削正ノ語ヲ其旁ニ附加シテ之ヲ発刊シ、世人作文ノ便ニ供スルコトアルベク、隣國異体ノ文章トイヘトモ世ニ傳ヘテ不朽ト称スルニ足ルモノハ、漸ク発刊シテ長ク存留スルモノトス。

第十四　本會ハ永遠ノ志ニ出ツルヲ以テ今ヨリ之ヲ発起シ、漸ク篤志ノ人物ヲ合シテ周旋尽力シ、有力者ノ賛成ヲ得テ實際ニ従事スルモノトス。會員相接スルニハ舊悪ヲ咎メズ、互ニ隔意アルベカラザルハ論ナク、他人ノ我ニ接スルニ於テ不情ナリトシ、快カラザル處アル類ノ猶改ムルニ及ブベキモノハ、之ヲ指陳シテ忌ムコトナク交情ヲ永遠ニ全クスベキモノトス。

第十五條　本會ニハ特別會員名誉會員ヲ置ク。特別員ハ本會ヲ監視スル責アリ。名誉會員ハ若干金銭ヲ納ルヽコト數月又ハ數年ニ至リ、本會ヲ維持スルモノトス。

【資料十四ⓐ】

東亜善隣学堂章程

東亜善隣学堂章程

第一条　本学堂ハ日清両国朝廷人材愛養ノ聖旨ヲ欽遵シ、東亜ノ大局ニ鑑ミ善隣ノ大義ニ據リ、専ラ實學ヲ肆［肄］ラヒ、時勢ヲ講ジ、国家有用ノ材器ヲ培殖ス。其教育ノ方針ハ之ヲ博クスルニ東西百科ノ學ヲ以テシ、之ヲ約スルニ古今一貫ノ礼道ヲ以テス。學ハ必ズ開物成務ヲ期シ、道ハ必ズ矯風裨化ヲ欲ス。道途口耳之徒、浮華軽跳之輩ハ一概ニ嚴斥ス。

第二条　本学堂ハ階級ヲ擬定シ、分チテ四門トナス。即チ左ノ如シ。

第一　志學門又曰備科
第二　達材門又曰正科
第三　成徳門又曰専科
第四　登庸門又曰撰科

第三条　備科ハ一年ニシテ卒業シ、正科ハ二年ニシテ卒業ス。専科ハ正科卒業生ノ為ニ設クル随意研究ノ餘課ニシテ、別ニ學期ヲ定メズ。撰科ハ専科生中ノ品學優等生ヲ抜擢シ、之ガ為ニ或ル出身径路ヲ授ケタル時、直チニ其社会ニ必要ナルベキ實務ヲ撰ンデ練習セシムル處トシ、學期ヲ定ムルコトナシ。

第四条　本學堂ノ學生ハ凡テ之ヲ學徒ト称ス。學徒ハ其所属ノ各門ニ準ジテ學称ヲ與ヘ、一見識別ニ便ナラシム。即チ左ノ如シ。

第一立志門　即チ備科ニアリテハ備生ト称ス
第二達材門　即チ正科ニアリテハ正生ト称ス
第三成徳門　即チ専科ニアリテハ専士ト称ス
第四登庸門　即チ撰科ニアリテハ撰士ト称ス

第五条　本學堂ノ備科ハ、清国在来ノ郷學卆業以上ノ學力アル者ヨリ考取シ、正科ハ備科卒業ノ後、若クハ之ト同等ノ学力アル者ニ限リ、専士及ビ撰士ハ正生ニシテ特待若クハ優待ヲ受クベキ品學アル者ニ非レバ、入ルコトヲ得ズ。

第六条　本學堂ノ學課ハ、備科ニ於テハ専ラ倫理日語日文算数地理博物理化學漢文體操等ヲ授ケ、兼テ英語英文ノ随意□習ヲ許ス。正科ニ至リテハ専ラ倫理日語日文政治経済教育法律数理天文地質文學金石漢文體操等ヲ授ケ、別ニ英語英文兼修科ヲ設ク。専科以上ハ特ニ細則ヲ設ケ、此ニハ略ス。

第七條　本學堂ノ學年學期及休課等ノ日子ヲ算スルハ、便宜上年トシテ太陽暦ヲ用ユ。然レトモ清国主要ノ佳節紀辰ニ至リテハ、敢テ或ハ忘ルル事ナキヲ期ス。今其日期ヲ晝定スル左ノ如シ。

每年學期

一年ヲ三學期ニ分ケ、第一學期ハ〇月〇日ヨリ〇月〇日ニ至リ、第二學期ハ〇月〇日ヨリ〇月〇日ニ至リ、第三學期ハ何月何日ヨリ何月何日ニ至ル。

【資料十四ⓑ】

東亜善隣学堂章程〔漢文訳案〕

東亜善隣学堂章程

第一条

本学堂大旨、在於欽遵日清両国朝廷人材愛養聖旨、鑑于東亜現今之大局、據善隣大義、一仗忠信、専講實學、以培殖国家有用之材徳。其教育方法、博之以東西百科之學、約之以古今一貫之道。學務開物成務、道欲移風易俗。若道聴途説之徒浮華軽佻之輩、皆均屬所不取也。

第二条

本学堂学業、分階級爲四門如左。

第一　志學門一曰豫科
第二　達材門一曰正科
第三　成徳門一曰専科
第四　登庸門一曰撰科

第三条

豫科限一年卒業、正科二年卒業。
専科爲正科卒業生設之、使其随意研究、故不定學期。撰科爲専科生學識優等者授之。乃臨指示出身時、直必要實務、使其練習也、亦無定學期。

第四条

本學堂學生、皆称學徒。學徒從其所学各科、授之學称号、一見識別如左。

第一立志門　即豫科、称豫備生
第二達材門　即正科、称正科生
第三成徳門　即専科、称専士
第四登庸門　即撰科、称撰士

第五条

本學堂豫科生、取清国從来郷學卆業以上有學力者。正科生限備科卒業後、若其他有同等学力者。専士及撰士之学称、自非学識可受特待若優待者、不得受之。

第六条　本學堂學課、在豫科則専授倫理歴史日語日文

算数地理博物理化漢文體操等、兼許従其所欲講習英語英文。至正科則専授倫理日語日文政治経済教育法律数理天文地質文學金石漢文體操等、別置英語英文兼修科。専科以上特設細則、今略之。

第七條

本學堂算學年學期及休課等日子、専用太陽暦。然至清国重要佳節紀辰等、則務遵行無違。今畫定其日期、如左。

每年學期

分一年爲三學期、第一學期自〇月〇日至〇月〇日、第二學期自〇月〇日至〇月〇日、第三學期自何月何日至何月何日。

三　中譯稿篇

【資料一ⓐ】

東洋開國商社社則

東洋開國商社社則

第一　本社稱東洋開國商社。

第二　本社置於東京府下，支社分置於大阪、神户，辦事處置於清國上海及各地。

第三　本社爲繁榮我國商品售賣，於清國及朝鮮國諸開港場中開日本街市，以零售爲目的。

第四　本社股份一股五元。一人可自由持有數股。每期繳納金一元。

第五　欲加入本社者，有資力者出資，有物品（本國産）者出物品，有勞動力者亦可出勞力。

第六　以物品入社者及其他入社手續如下。於本社創立之際盡力有功勞者以及長期從事業務有功勞者等，社中商討後可給與相當股份。

又將國産物品置於本社代售，收益可做股份。將諸物品託付本社，銷售收益除成本外之利潤亦可作股份。

【資料一⑥】

善鄰義會規則

善鄰義會規則

第一　本會大旨在於，以支那爲首廣開與鄰國之交通，共循守道義，創造文明，大興物品交易，增進國益。

第二　本會置於東京府下，支社分置於大阪、神户，辦事處置於清國上海及各地。

第三　本會爲繁榮我國商品售賣，於清國及朝鮮國諸開港場中開日本街市，以零售爲目的。

第四　本社股份一股五元。一人可自由持有數股。每期繳納金一元。

第五　欲加入本社者，有資力者出資，有物品（本國産）者出物品，有勞動力者亦可出勞力。

第六　於本會創立之際盡力有功勞者以及長期從事業務有功勞者等，社中商討後可給與相當股份。

第七　將國産物品置於本社代售，收益可做股份。將諸物品託付本社，銷售收益除成本外之利潤亦可作股份。

【資料十二】

善鄰譯書館　股份制之理由／招股章程／營業設計／營業説明

善鄰譯書館股份制之理由

吾善鄰譯書館創立之際，至其成功尚有二疑問。因清國未有制定版權法之故，投資出版之書籍輸送與彼國同時，即上海周邊地區發生翻刻發賣之時，經營因之徒勞，無奈歸於失敗。於清國一定有得版權之必要，不知能否達成此目的，是爲其一。尊内卑外爲支那人天性，於外國翻譯之書籍，彼果真購求與否，是爲其二。當初吾妻、松本兩幹事携既成新書（《大日本維新史》《國家學》《戰法學》《日本警察新法》四種）渡清，實爲解決此二問題。孰料版權意外快速奏功，彼官衙爲吾館特發布翻刻禁止令（參看沿革書）。又所到之處，總督、巡撫、道臺等領首大贊吾館之美舉，購買譯書，謀劃使其普及各地方之路徑。是蓋二十七八年戰役（甲午戰爭）結果，彼對吾邦雖大有信賴之念，然若非吾館作爲國家事業既得政府補助金，在清得各領事熱心交涉，焉得遽至此。蓋明白如僅以個人盈利，單獨行此運動，到底不至如此好結果。

《日本外史》於支那各處翻刻，流布坊間，不知其幾十萬部。《萬國史記》（岡本監輔氏著）亦然。上海書賈云，據予所知《萬國史記》翻刻高達三十萬部以上。是以兩幹事見聞所到之處，吾館既已於清國得版權

特例，又新書必在彼大賣，則應大力整頓設備，增加其資本，推行事業。既因此，今日本館如斷然改組股份制，其利益如下：

一　多數出版書籍且原價極爲低廉

二　常制出版先機，不落後於他社

三　諸事齊備可出版完整書籍

四　防止遏制小出版社業者之杜撰濫刻

五　得彼國朝野信任

六　我等將來獨佔彼出版業

現在清朝建股份制爲國家事業者，有大阪商船會社之長江航路，大東汽船會社之蘇杭航路，又有商品陳列所，以及現今起業之北清航路，此數者皆以國家之精神創立並推行事業，因而此營利行爲，國家性營利，營利性國家，國家與營利互爲首尾。政府向此四社給予相當補助金，以期待其成功。吾館亦無疑爲國家事業，隨事業之進行自然營利，其大營利之日即爲大揚國家精神之時，即與上述諸社精神完全相同。或有人曰，吾假令國家事業以謀得私利。若云其吾館爲非營利事業則是迂論，不見彼京釜鐵道以國家精神而起，故政府特別保護，人民亦競相購其股份，因此其事業遂營利以告成功。吾館之事業雖事異而其意相同。

吾邦出版業者無論何書，初版大抵一千部，多者二千部。然支那出版物初版必有一萬乃至五萬部，與人口比例自然相宜。前內閣侍讀文廷式云，支那爲受文官考試（科舉）而熱心讀書之人，千人中有一人，即人口四億中全國讀書人有四十萬人，皆專攻學問之士，所謂終身從事讀書，此外農商工業中讀書者亦多。眼下普通教育未開，學制尚不完善，與我維新前之寺子屋無甚區別，兒童就學方法更無設，故國中不識字者甚多。概言之，就學者與吾邦相比不過百分之一。無論何書初版猶能在一萬部以上，在其販路或人口之多，可云其國民意外嗜好讀書。

和談結束後，清國政府自會著力實施新政，國本在於教育，首要改正教育制度，其次在科舉方法。現北京興起大學，駐我邦李（盛鐸）公使前日來我國調研大學制度，又自西安行在所謀求新知識得出上諭，南清諸總督企劃教員養成，在支那全國設立大中小學校，並建立普通教育制度。如得實現，供給其教育用之各種書籍蓋莫大之數。吾邦之教科書出版業者爲得一縣教科書，需數千元之活動經費用於激烈競爭，即使有幸審查得中，年年出版部數僅少許，何況審查不予通過者。而吾館已在支那建立新書出版之基礎，版權也開先例，除普通出版外今後可更進一步，著手其教科書之編纂出版。吾館如今爲此準備，爲應需求廣開門路，絕非難事。將支那全國看做一學區供給其教科書，實乃千載難逢之機遇，於出版界也實爲有前途之事業。

我新書及教科書如能逐漸在支那普及，可間接爲我實業者提供便宜與信任。即吾館之出版書恰爲實業者之先驅，啓發彼國人，使其抱有日本爲先進國師邦之觀念。我實業者緊隨其後，必得其信任與敬愛，交易中

無疑有巨大便宜。我幹事在清國，如三井洋行、大阪商船會社漢口支店，以吾館新書給予支那人贈品，使其歡喜且受益，與彼深交，比其他物品更具深意。吾邦維新後，讀英書，與英時常交易；讀德書，於德時常採購；美、法皆然。大約外國書籍先入爲主，左右其國民之腦力，是後進國必經之路徑。如此支那國之維新已萌芽，我國進之以通商貿易，使其愈加興旺，必先普及我新書，啓發彼之智見，傾注我國於其耳目，如我國最初引入英德之書。幸而我彼同文，新書在彼發行十分便利，到底歐美人所不及。然歐美人歷來也關注此點，有在支那各地從事譯著出版者，此等人皆耶穌教宣教師，不問其書良否，避諱異教觀點，故購買者極少，但却爲吾國之幸。若吾館新書普及支那四百餘州，户讀家誦之日，即在彼剔除空文虛禮、鼓吹新知實學之時。吾館亦國家事業自然告成，而營利事業亦期望飛躍。

從各方面看，吾館之事業目前爲面向支那之最大急務，前途光明，決心推行到底。惟其事業進行中有姑息小資本運動，不僅失去良機，恐外人取得我等期望之大成功。在我等手中成功，在外人手中成功，關係今後吾邦對支那各種設施之利益得失。是我館此時斷然改爲股份制，增大資本，擴張販路，利用此機會大興事業，期望國家與營利兩成功。

招股章程

金二十萬元　資本總額　股份四千股　一股五十元

金五萬元　第一次支付金額：一股五十元的四分之一

金九千九百五十元　善鄰譯書館轉讓費

金二千元　本館租借房屋及器具等購買費用

金一千元　上海支局租借房屋及器具等購買費用

金五百元　創業費

金三萬五千元　新書三十五種譯著出版費（一種書金一千元）

共計金四萬八千四百五十元

餘額一千五百五十元　流動及預備資金

營業設計

一　金三萬五千元　新書三十五種支出金額

一部紙張數大約二百張以下，出版費平均二十錢，一種出版五千部則其費用金一千元，三十五種金三萬五千元

一　金二萬三千三百二十四元　新書三十五種利潤金額

一部原價金二十錢，賣價一部最低金四十錢，一種出版五千部，假設可賣三分之二即三千三百三十二部，其利益金六百六十六元四十錢，三十五種即十一萬六千六百二十部，其中純利潤金二萬三千三百二十四元

內金一萬二千元　東京本館上海支局一年經費預算

同金一萬一千三百二十四元　純利潤（累積資金比例規定同上）

純利潤分配表

金一千一百三十二元四十錢　累積資金（百分之十）

金一千一百三十二元四十錢　他用途累積資金（百分之十）

金一千一百三十二元四十錢　獎金（百分之十）

金六千七百九十四元四十錢　股東分紅（百分之六十）

金五百六十六元二十錢　預備資金（百分之五）

金五百六十六元二十錢　後期轉入資金（百分之五）

計金一萬一千三百二十四元

營業説明

書籍紙張

出版書籍紙張數大略二百張以下，初版中簡單者爲多，紙張也少。且中文簡單明了，與和文相比字數省略，故有一二百張，相當於和文二三百張。又比起大部頭書籍，小册子銷路更好，不僅吾邦，支那也如此。但如吾館《英華字典》之大版一千三百餘頁，是等大部出版可應時商定。

一部原價平均金二十錢

一部紙張數約二百張以下，其中也有五十張之書。原價二十錢取其平均值。此原價内包括稿費、編審、印刷、紙張、裝訂等。如上所述，如一部五千部賣盡需再版時，其成本大部分爲稿費與編審費用，故大約比原價減少六分之二，即二十錢原價變爲十四錢，其餘六錢爲利潤，再版以後更加有利。

一種出版五千部

新書每種出版五千部，在吾邦初版此數或有過多之嫌，但如理由書所述出版一萬部以上對其人口比例而言是理所當然，事實上暫定初版五千部只爲其二分之一，絶無過多之擔心。

賣價最低額 一部金四十錢

假定原價二十錢之書籍定價爲五十錢以上，支那販賣時大概五十錢定價，到手四十錢，且官衙及直接販賣更盡其所得。

購讀人員與販賣部數

如理由書中所述，根據文廷式等人調查，支那爲接受文官考試而專門讀書者，千人中有一人，即人口四億中有四十萬人。此外不以考試爲目的的讀書人也頗多，四億之四百分之一，即四百人中有一人，全國有一百萬讀書人。根據諸多材料調查確實如此。吾邦維新前讀書爲士大夫或者僧侶以上專有，百姓町人皆不必要。維新後四民通力於學事，讀書者數量遽增。支那如講和結束後早晚必有此現象，只未來之事暫且不提，眼下購讀我新書者，現可確定讀書人一百萬人，其中九分之一多即十一萬六千六百二十人，按其人口四億比例約三千五百人中有一人。蓋十一萬六千六百二十人每人購買一部，則可收入二萬三千三百二十四元，符合營業規劃。若每人購買兩種以上，其利潤更加可觀。另支那維新之氣運已十分成熟，壓制之結果欲發展而不能，故新政一旦發出，其驟進或不知停止。如此我新書與此氣運同樣可見一時非常流行。許可見我明治初年

發行《西洋事情》與《輿地史略》時之盛況。

新書出版三十五種

預計出版三十五種書約一年可以完成，第一年出版發售，如不能按照營業設計得預想之利益，須有心理準備。與其相反則二年以後再增加種類，必可收到預想以上之利益。

現有四種書籍

上述四種書籍（《大日本維新史》《國家學》《警察新法》《戰法學》）吾館已出版，其中《大日本維新史》將來發行行情看好，此四種書籍均現存紙質版本，須再版印刷。且若加入三十五種，須初版發行時即得到再版利潤。現在之書籍隨其銷售在原價上加入利潤。

印刷制書

印刷制書無需精密技術，國外有在上海印刷制書者，方便且廉價。原稿帶至上海且在當地印刷制書無需運費及關稅，與吾國相比便宜二至三成。若事業進行順利，吾館在上海能設立分部印刷所則更佳。

說　明

岡本監輔，天保十（1839）年十月十七日生於阿波國（德島縣）美馬郡三谷村，幼名文平，號韋庵。以「樺太探險家」而聞名，明治三十七（1904）年十一月九日逝世於東京，享年六十五歲。

《東亞先覺志士記傳》《續對支回顧録》中有岡本監輔傳，後者所述極詳。另外還有金澤治氏所作《岡本韋庵先生之家系與年譜》（以下略稱《年譜》），是爲慶賀後述銅像落成而刊行的《岡本氏自傳 窮北日志》（德島縣教育委員會，1964年，以下略稱《自傳》）之附録，但只有「年譜」部分做成小册子獨立刊行（岡本韋庵先生顯彰會，1964年）。《窮北日志》北門社藏版，是明治四年刊行的樺太探險日記，《岡本氏自傳》是未刊稿的首次刊行，日文版至明治二年，簡略中文版也只截至明治十（1884）年。

岡本監輔著作甚多。德島韋庵會於大正元（1912）年經調查而作《岡本韋庵先生著書目録》（《自傳》收録），中有「既刊三十四部，未刊二十部」之名單。中國史研究中有名的是《萬國史記》（1879年）和《萬國通典》（1884年），在《略解題》中，後者是「網羅萬國制度，分三十四門並詳述之，附出典與策論，於清國廣爲刊行」，前者是「記述世界列國歷史，於清國流行特廣」，較之日本，在中國發行盜版更多。《萬國史記》序文首位撰寫者重野安繹與本書附録之資料集關聯甚深。關於該書應叙述之處甚多，此處僅定性爲從亞洲、日本出

發，覆蓋五大洲的「萬國」之書。

觀其自著文集《岡本子》（1889年），可知其學問是以朱子學爲中心、兼修陽明學「孔子之教」爲基礎，同時也有應時代之需而積累的西學素養。其中文自傳中説他二十歲的時候「讀翻譯諸書，大悔不修其西學」（《自傳》，193頁），後來果真没有再學習，四十一歲著《萬國史記》，亦在「凡例」中稱「就翻譯諸書摘録其要」。

除《著書目録》所列之外，岡本監輔還寫有很多文章。金澤氏整理了德島縣立圖書館寄贈的遺物，1998年印刷《岡本韋庵先生藏書及原稿目録》（以下略稱《目録》），A4版，目録共38頁，幾乎皆爲原稿文書之屬。本書收録的善鄰協會、善鄰譯書館相關諸文書，被歸於「265號」及「270號」（只有【資料二】是「270號」）。

簡單介紹一下岡本監輔與善鄰協會、善鄰譯書館的關係。姑且引用與其往來密切的内藤虎次郎所撰之《岡本韋庵先生墓表》（《湖南文存》，《内藤湖南全集》第十四卷，筑摩書房，1976年，237頁），勾勒其生平。

岡本韋庵先生，初名文平，後改監輔。天保十（1830）年生，明治卅七（1904）年十一月九日卒。先生一生以籌北邊爲志，弱冠駕夷艇，窮探樺太北徼前人未踏之地。王政維新，徵用綜辦北事，既廷議棄樺太，先生竟絶意用世，累任教職。年五十餘，復辭職欲拓千島，跋涉荒裔，不得意而歸。既老窮且病，會王師伐露，先生欣然忘疾之在軀。斯役也，復樺太之南半，而先生不及睹矣，迄疾篤。特旨叙正五位，蓋録前

勞也。先生嘗遊禹域，訪聖裔於闕里。平生著述等身，往往傳誦海外云云。

大正元年十一月　文學博士　內藤虎次郎　制文井書

這篇《墓表》是大正元年岡本銅像落成時內藤親筆撰寫。因戰後混亂之際遭竊，故而 1964 年重建之時，由富永眉峰將內藤文字雕刻於銅像臺座之上。七言絶句《擇捉感懷》爲那波利貞所書，可知岡本監輔與京都大學東洋史關係之深刻超出想象。在《史傳》及顯彰會諸書卷首均額其小照，可知其在故鄉確立有偉人般的地位。

《墓表》中已着重寫出樺太、千島，岡本監輔首先是樺太探險家，另外還作爲北方問題專家而聞名遐邇。在幕末備受關注的對俄政策中，他挺身而出，維新政府成立後，被任命爲函館裁判所權判事，帶領三百農工開拓樺太全島。金澤氏稱此爲「韋庵一生輝煌的頂峰」（《年譜》，明治元年條）。後因政府放棄樺太而遭免官的岡本「累任教職」，先後擔任第一高等中學校（後來的一高）和文、中文教授，獨逸協會學校教授，哲學館講師，德島縣尋常中學校長，台灣總督府國語學校教授（同前書，明治十九、二十三、二十四、二十七、三十年條），可以窺見其生活之動蕩。明治二十五年成立千島義會，也歸於失敗。「義會」即贊同特定公益主張的有志者團體，明治時期普遍存在，但這個詞語如今連小學館《日本國語

大辭典》都没有收入，令人倍感遺憾。

眾所周知，甲午戰爭後，日本興起「大陸雄飛」的風潮。在這樣的時代風潮中，岡本監輔亦將活動場所轉向中朝兩國，落實到具體構想，便是善鄰協會與善鄰譯書館。内藤的《墓表》中没有提及此事，但在《支那漫遊 燕山楚水》（博文館，1900年，收入《内藤湖南全集》第二卷）中，有岡本監輔與吾妻某籌備創立善鄰譯書館的談話記録（1899年10月），所以内藤不是不知，而是篇幅有限（不足二百字），内藤在斟酌權衡後，未予收入。但後來的傳記與年譜也都没有提及，所以時至今日，此事就被遺忘了。

繼金澤氏闡揚岡本事跡之後，最近德島大學教授有馬卓也、真銅正宏氏亦致力於重編岡本韋庵《支那遊記》與《煙臺日記》（《德島大學國語國文學》第八號、第九號；《言語文化研究》第三卷、第四卷），他們挖掘出岡本在「樺太探險家」之外「儒學者，亦是教育者」的一面。本書欲進一步闡明，在善鄰協會、善鄰譯書館時期，岡本作爲亞洲主義者的文化活動之軌跡。他在亞細亞協會時期的活動梗概，請參考前文（《第六章　善鄰協會——關於岡本監輔》）。

岡本監輔遺物中的相關資料，除【資料十二】是在洋紙（縱22cm×横15cm）上書寫、以洋式裝訂以外，其餘均是用和紙手寫的文書，其中【資料十三】稍短（縱18cm），其他都是所謂美濃紙大小（縱25cm×横37cm）的綫裝本。

本附録收録的文書中，明確署名「監輔草」的僅【資料三】。從【資料五】到【資料十】，很明顯是同一人所書，【資料十一】【資料十三】字體比較凌亂，但屬岡本字跡無疑。【資料二】【資料四】雖然很不一樣，但有與自傳原稿等非常相近之處，所以也可斷爲岡本筆跡。與此相對，【資料一】【資料十四】雖爲他人執筆，但改訂稿顯屬岡本筆跡。如此，儘管部分存在些許疑問，但均是相互關聯的系列資料。

原文書均無日期，《目次》中的排列也未必是按時間順序。在此，筆者且按「東洋開國商社→善鄰義會→善鄰協會→善鄰譯書館」的順序，展示簡單的證據，並加以説明。

「東洋開國商社→善鄰義會」，【資料一】本身是訂正版，所以前後關係很明確。以「善鄰義會」爲題的三份文書中，【資料一ⓑ】是日文，【資料二】和【資料三】爲中文，後者明確表示出對中朝兩國的「善鄰」姿態。岡本監輔過去曾代替吾妻兵治編輯《亞細亞協會報告》，當時，爲了促進三國人士的相互了解與交流，該報告全部使用中文（第三章第64頁）。

【資料三】的《善鄰義會五規》，是岡本監輔起草的方案，轉給成齋重野安繹與中洲三島毅，重野與三島在上面寫下了意見，是爲當時文人交流的具體形態。在【資料三】中，三島用紅筆加以區別，特別是有三者署名的半葉，在彩色版中以照片展示，眉批各條的「黑筆」「紅筆」在《整理稿篇》中有標注。圈點、旁點全部是紅筆，即三島筆跡，標點有黑筆及黑筆上加紅筆兩種。

「善鄰義會→善鄰協會」，則無法明確其前後關係。但是隨著「義會」到「協會」這一團體名稱的變化，可知文書中收録的文章無疑更注重從思想角度來考慮「善鄰」這一課題。即只要釐清論述的前後邏輯，其順序應該無差（當然，必須考慮到其間還有構想其他組織的可能性）。如果從「善鄰」這個角度追尋推敲的軌跡，可以提出以下三點：（一）明確提出東亞三國近代的「興亞」課題，（二）攝取西洋近代文明這一課題，以日本爲中心，使之與中朝兩國相關，（三）活動内容設定爲面向中朝兩國制作、提供中譯本。另外，資金來源和會議方法等細節部分被删除，加上《附則》及《譯述方法》，呈現爲更加完整的《主旨》。

然而，題爲《善鄰協會主旨》的文章在【資料四】的「第一稿」到【資料八】的「第五稿」，共五篇，全部經過修改。很明顯，這五篇基本上是以某篇改訂稿爲下一篇的原稿，從這一點上也可推定其前後關係。

《譯述方法》的兩篇，比較改訂部分可知，【資料九】的「甲稿」在【資料十】「乙稿」之前。而且【資料五】《善鄰協會主旨》中的《譯述方法》三條與「甲稿」的前三條基本相同，可以推斷「甲稿」是【資料五】階段與《主旨》相對應的（或者【資料五】《譯述方法》的後兩條寫在別頁上）。

「善鄰協會→善鄰譯書館」，從附録的兩篇文書可以確定。【附録一】《善鄰協會主旨》刊登在1899年1月刊行的《清議報》第2號上，【附録二】吾妻兵治《善鄰譯書館條議引》刊登在1900年4月刊行的《亞東時報》第21號上。如前所述，1899年春夏之間吾妻等人籌備善鄰譯書館，其發展水到渠成，但岡本並没有參與譯

書館的實際活動。《亞東時報》是以立庵山根虎之助爲主筆刊行的中文雜誌（《乙未會會報》），唐才常也爲其做過一段時間的編輯。

【資料十一】的《無題文書》，原本是作爲「會」的規則而構思的，因爲處於向「館」的主旨文書轉變的階段，所以應該是從「善鄰協會」轉向「善鄰譯書館」時期的文章。《改訂稿》的第十六則中「同志創業者」的名字有岡本監輔等九人，但無吾妻兵治；第十七則中從岡本的《萬國通典》開始，列舉「列國史鑒、明治字典、皇國文藝傳、國士美談、言行類纂」等計劃出版的書，以此可以看出與吾妻一起準備創立善鄰譯書館的岡本，在 1899 年秋冬之間，很可能欲在吾妻等人之外另創一「館」。

【資料十二】是希望擴大事業並實現股份制的善鄰譯書館小册子，《目録》中有《善鄰譯書館開業説明書》。1899 年年末，善鄰譯書館刊行了伯倫知理著、吾妻兵治譯《國家學》，重野安繹著《大日本維新史》，石井忠利著《戰法學》及小幡儼太郎著《日本警察新法》。其代表松本正純與幹事吾妻兵治携書訪華，他們根據對出版環境等的調查結果制定出擴大方案，應該是在比《附録二》稍晚的 1900 年秋冬之際印刷成册（第七章第 134 頁）。其中雖然提到岡本監輔，但從行文中很明顯看出，並沒有將岡本視爲館內人物。內容雖爲「武士之商法」，但其中飽含誠摯的精神。並沒有實際關聯的善鄰譯書館文書與善鄰協會相關文書一起被保存，也從側面説明了兩者的親密關係。

【資料十三】【資料十四】加入以「善鄰」爲題的學會及學堂的相關文書。

本附録收録的諸文書，均顯示出甲午戰爭後，日本知識分子探索與構思如何對東亞鄰國的中朝，特別是中國進行「善鄰」往來，洵屬珍貴。根據不同切入角度，其歷史意義會呈現多種側面，此處僅從明治精神史的亞洲主義出發，舉出四點意義。

第一，西方文明席卷世界過程中，爲與其對抗，在東亞地區誕生了亞洲主義。善鄰協會与善鄰譯書館便是其必然性之表現。作爲標榜亞洲主義的組織，1880年代已經出現興亞會與亞細亞協會，岡本監輔、重野安繹、三島毅、吾妻兵治等人均與諸組織有密切關係。他們都認識到，接受西方近代文明不可避免，以自身具有的儒家（甚至釋老）學養爲基礎來吸收（如【資料三】等所示），其行爲只是西方近代文明的相對化，以及近代内容的豐富化。

第二，善鄰協會和善鄰譯書館是甲午戰爭後，中日兩國對等性合作具體化的一種形態，這令敗給日本的清朝知識分子的中華意識産生動摇，促使他們深刻反省，其結果就是對日合作風潮的高漲。戊戌（1898）年在上海結成亞細亞協會，在湖南建立東亞會分會等，基於平等關係的合作變得活躍。平等也是日本方面的基本立場，本書收録資料中明確稱，雖然本部設在東京，但「在支那朝鮮方面」可以説日本是支部（【資料十三⑥】），並明言持互相尊重的立場。

第三，與中華意識的動搖有表裏關係，在堅持維新以來發展模式的基礎上，試圖通過善鄰協會和善鄰譯書館開展譯書事業，爲推動中韓兩國的文明進步發揮日本的作用。對「皇國」帶有「過剩自我意識」的岡本監輔（有馬卓也《岡本韋庵覺書》，《德島大學國語國文學》第12號），總結三十年來之得失，認爲應避開「流毒」甚廣的「共和革命等書」（【資料九ⓐ】）。這一色彩後來逐漸淡薄，「共和」之後，「革命」等語在行文中也越來越少。但到《善鄰譯書館條議引》爲止，希望避免負面經驗的基調不變。某種意義而言，這種基調具有强迫性，但與後來表達蔑視和侵略的日本「優越」性立場相比，還是截然不同，我們必須關注其幫助他國發展的基本意圖。

第四，善鄰協會和善鄰譯書館的目的是同時解決國家在文明史上的作用和個人的職業發展這兩個問題。關於這一點，本書僅討論善鄰協會最初的構想是東洋開國商社這一形態，而且善鄰譯書館事業的一貫定位是「國家」和「營利」並舉（【資料十二】）。若說這裏所謂「國家」一詞中沒有「國權」之意，則太過虛僞，但確實不同於蹂躪對方、滅己奉公、以國家利益優先的國家主義。這是其興盛一時的時代動力來源。

編集刊行這樣一本資料集，緣於筆者在研究梁啓超時，發現了刊行吾妻兵治譯《國家學》的出版社，即善鄰譯書館。出版《共同研究 梁啓超——西洋近代思想受容與明治日本》（みすず書房，1999年）時，我只

了解前述内藤湖南的記述。有賴鳴門教育大學教授小浜正子氏（現日本大學教授）之助力，筆者可以突破這一瓶頸，找到德島縣立圖書館藏岡本監輔文書。另外，還從福岡國際大學教授黑木彬文與日本大學教授鱒澤彰夫氏處得到相關資料。京都大學人文科學研究所創立七十周年紀念國際研討會論文集《西洋近代文明與中華世界之變容》（京都大學學術出版會，2001年）中也收入其中部分内容。從資料的重要性來看，文書本身的整理和公開非常有必要，謹此對慨允我達成這一期望的德島縣立圖書館（大平明宏館長）致以深切謝忱。

文書拍攝與辨認不明文字得到德島縣立文書館外園秀彥氏大力相助，版面設計幸有立命館大學非常勤講師山田崇仁氏帮忙，異體字的辨識則多亏京都大學人文科學研究所教授高田時雄、安岡孝一、淺原達郎、佐佐木克諸氏的幫助。另外，對北京大學留學生瀧田豪、歷史系教授王曉秋以及圖書館館長戴龍基氏的特別關懷，亦深表謝意。

這是筆者初次編集此類資料集，錯謬之處在所難免，期待各方人士的指正教誨。

狹間直樹

2002年2月